Yong Chen

Une nouvelle mise en correspondance des images

Yong Chen

Une nouvelle mise en correspondance des images

Via la fusion de données visuelles et inertielles

Éditions universitaires européennes

Impressum / Mentions légales
Bibliografische Information der Deutschen Nationalbibliothek: Die Deutsche Nationalbibliothek verzeichnet diese Publikation in der Deutschen Nationalbibliografie; detaillierte bibliografische Daten sind im Internet über http://dnb.d-nb.de abrufbar.

Alle in diesem Buch genannten Marken und Produktnamen unterliegen warenzeichen-, marken- oder patentrechtlichem Schutz bzw. sind Warenzeichen oder eingetragene Warenzeichen der jeweiligen Inhaber. Die Wiedergabe von Marken, Produktnamen, Gebrauchsnamen, Handelsnamen, Warenbezeichnungen u.s.w. in diesem Werk berechtigt auch ohne besondere Kennzeichnung nicht zu der Annahme, dass solche Namen im Sinne der Warenzeichen- und Markenschutzgesetzgebung als frei zu betrachten wären und daher von jedermann benutzt werden dürften.

Information bibliographique publiée par la Deutsche Nationalbibliothek: La Deutsche Nationalbibliothek inscrit cette publication à la Deutsche Nationalbibliografie; des données bibliographiques détaillées sont disponibles sur internet à l'adresse http://dnb.d-nb.de.

Toutes marques et noms de produits mentionnés dans ce livre demeurent sous la protection des marques, des marques déposées et des brevets, et sont des marques ou des marques déposées de leurs détenteurs respectifs. L'utilisation des marques, noms de produits, noms communs, noms commerciaux, descriptions de produits, etc, même sans qu'ils soient mentionnés de façon particulière dans ce livre ne signifie en aucune façon que ces noms peuvent être utilisés sans restriction à l'égard de la législation pour la protection des marques et des marques déposées et pourraient donc être utilisés par quiconque.

Coverbild / Photo de couverture: www.ingimage.com

Verlag / Editeur:
Éditions universitaires européennes
ist ein Imprint der / est une marque déposée de
OmniScriptum GmbH & Co. KG
Heinrich-Böcking-Str. 6-8, 66121 Saarbrücken, Deutschland / Allemagne
Email: info@editions-ue.com

Herstellung: siehe letzte Seite /
Impression: voir la dernière page
ISBN: 978-3-8417-3670-3

Copyright / Droit d'auteur © 2014 OmniScriptum GmbH & Co. KG
Alle Rechte vorbehalten. / Tous droits réservés. Saarbrücken 2014

Remerciements

J'adresse mes premiers remerciements à Madame Edwige Pissaloux, professeur et chercheur de l'équipe Perception et Mouvement de l'ISIR (Institut des Systèmes Intelligents et de Robotique) de l'Université Pierre et Marie Curie (Paris VI), pour son accueil chaleureux et pour la confiance qu'elle m'a accordé, en me proposant le travail exposé dans ce rapport, mais surtout pour la direction qu'elle a su apporter à mon stage. Je la remercie également pour son encadrement et ses conseils, sa disponibilité et sa réactivité. Qu'elle trouve à travers ces lignes l'expression de ma plus vive gratitude.

J'adresse également mes remerciements à Monsieur Francis Martinez, doctorant de l'équipe Perception et Mouvement, pour l'aide et l'amitié qu'il m'a apporté tout au long de ce stage.

Je n'oublie pas l'intégralité des membres de laboratoire de l'ISIR pour la bonne humeur et l'atmosphère agréable de travail qu'ils ont contribués à créer.

Mes remerciements vont aussi aux membres du jury qui ont consacré du temps à la lecture et à la critique de ce travail.

Table des matières

Chapitre 3. Une contribution à l'étude des apports de la centrale inertielle
pour l'appariement d'images.

Introduction

Le traitement et l'analyse d'images trouvent leurs applications dans des domaines variés de l'industrie et de la recherche. Les méthodes développées sont utilisées dans de nombreuses disciplines scientifiques.

La mise en correspondance des images s'avère être un problème difficile en vision par ordinateur et fait l'objet de nombreuses recherches.

La mise en correspondance consiste à localiser, dans des images à apparier, les projections du même objet d'une scène 3D. Les objets projetés peuvent être : des pixels, des contours, des régions ou toute autre primitive.

Cependant, dans toute la panoplie de méthodes d'appariement existantes nous nous intéressons tout particulièrement à celles :
a) permettant d'apparier les images d'une séquence monoculaire (les images prises à différents – mais temporairement très proches- instants),
b) susceptibles d'être implantées dans le matériel (FPGA, le processeur ARM, le DSP).

En effet, la robotique autonome, et en particulier la robotique humanoïde ou aérienne, ainsi que des systèmes portables (wearable) d'assistance à l'interaction avec le monde extérieur (d'un handicapé bras et main, d'un chirurgien en cours de l'opération, d'un déficient visuel, etc.) s'appuient sur une image de la même scène acquise lors du déplacement d'un robot/système, et nécessite les systèmes de perception embarquables de faibles dimensions physiques et poids, mais rapides (souvent de temps réel très contraint) et d'une (très) grande précision (l'approche : A^3C : adéquation algorithme-architecture sous contraintes).

Les contraintes d'embarquabilité exigent donc la définition de nouveaux algorithmes et traitements qui répondent aux besoins spécifiques de l'application finale.

Dans ce stage, nous nous attacherons plus particulièrement à étudier les méthodes de mise en correspondance de pixels et de points d'intérêt par mesure de corrélation, et à utiliser une centrale inertielle pour minimiser le temps d'appariement.

Ce rapport a été organisé en quatre parties.

Dans le chapitre 1, j'ai étudié les différents algorithmes de mise en correspondance par corrélation potentiellement implantables dans un circuit intégré (VLSI) de type FPGA ou dans un processeur ARM; à cette occasion une méthode d'évaluation des algorithmes est proposée.

Dans le chapitre 2 la mise en correspondance des images d'une séquence via la corrélation des points d'intérêts est étudiée dans le but de son optimisation spatio-temporelle. Afin de choisir le détecteur de points d'intérêt le plus approprié à notre application finale, les performances de différents détecteurs de points d'intérêts ont été comparées et une implantation (adaptation) de certains détecteurs réalisée.

Dans le chapitre 3, une étude très préliminaire des apports potentiels d'une centrale inertielle pour guider la corrélation aveugle et ainsi de réduire davantage le temps d'exécution d'appariement des images est faite. Il s'agit seulement d'une étude algorithmique car la centrale inertielle choisie par le consortium du projet AsTeRICS a été disponible seulement en toute fin de stage.

Le chapitre conclusion clôt le mémoire, quelques extensions possibles du travail réalisé sont proposées.

Les annexes renferment le code des différents algorithmes programmés.

Chapitre 1

Méthodes d'optimisation de la corrélation croisée.

Ce chapitre rappelle le concept de corrélation (aveugle ou exhaustive) et certaines mesures (distances) locales qui sont utilisées pour quantifier la ressemblance de deux images étudiées (§1.1). Ensuite, les différentes stratégies de minimisation du coût spatio-temporel de leur mise en œuvre sont étudiées car une implantation du meilleur algorithme dans une architecture dédiée est visée dans le cadre du projet AsTeRICS (§1.2). Finalement, (§1.3) la mise en oeuvre de l'algorithme dit RL (recherche en losange) est proposée.

1.1 Mise en correspondance par corrélation croisée et différentes mesures de corrélation aveugle (ou exhaustive).

La corrélation est une mesure qui calcule à quel point deux ensembles de données sont corrélés, c'est-à-dire à quel point ces deux ensembles de données se ressemblent [14].

Le but de la mise en correspondance par mesure de corrélation est de trouver le correspondant p_2 (point d'une deuxième image) de p_1 (point d'une première image).

On fait l'hypothèse que deux pixels qui se correspondent, ainsi que leurs voisinages respectifs, se ressemblent d'un point de vue photométrique. Les mesures de ressemblance utilisent aussi bien l'information donnée par p_1 et p_2, que celle fournie par leur voisinage respectif. Ainsi les deux ensembles de données dont on évalue le score de corrélation correspondent au pixel et son voisinage d'une image pour le premier ensemble, et au pixel et son voisinage de l'autre image pour le deuxième ensemble.

Avant d'établir la mise en correspondance, il faut déterminer une fenêtre de corrélation centrée sur le pixel p_1 de coordonnées (i,j) (taille-type : 3x3, 3x5, 5x5,

5x7,…) dans la première image ; puis il faut déterminer <u>la zone de recherche</u> (notée ROI : *Region Of Interest*) dans la deuxième image:

$$ROI(i, j) = \{(k,l)/i\text{-}dlmin \leq k \leq i\text{+}dlmax, j\text{-}dcmin \leq l \leq j\text{+}dcmax\}$$

où les termes *dlmin* et *dlmax* ainsi que *dcmin* et *dcmax* représentent les écarts admis, choisis (arbitrairement ou non), au pixel étudié dans la deuxième image suivant les lignes et les colonnes.

On va utiliser la fenêtre de corrélation « glissante » qui va parcourir la zone de recherche (on parle de la convolution de la zone de recherche par la fenêtre de corrélation).

Pour chaque point p_2 de la zone de recherche, on calcule le score de corrélation. Si une mesure de similarité est choisie le point p_2 qui donne le plus grand score est considéré comme correspondant du point p_1 ; si une mesure de dissimilarité est considérée, alors le point p_2 qui donne le plus faible score sera retenu (Figure 1.1) comme correspondant du p_1.

Lorsqu'on réalise la mise en correspondance par corrélation, une étape plus importante est de déterminer la mesure à utiliser ; aussi, ce chapitre présente les différentes mesures de corrélation.

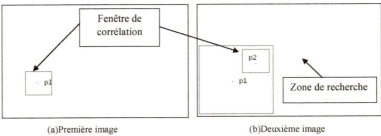

(a)Première image   (b)Deuxième image

Figure 1.1. Mise en correspondance par corrélation : principe.

1.1.1 Famille de la corrélation croisée

Convention de notation.

Dans ce qui suit,
- les termes f1, f2 sont des vecteurs contenant respectivement les niveaux de gris des pixels de la fenêtre de corrélation de la première et de la deuxième image respectivement ;
- on note f1·f2 le produit scalaire de f1 par f2, et $\bar{f}$ la moyenne de f.

Toute mesure de corrélation basée sur le concept de produit scalaire est dite croisée. Toutes les mesures de la corrélation croisée sont des mesures de similarité.

Deux mesures de la famille de corrélation croisée (CC) sont les plus populaires : la corrélation croisée (avec ses deux variantes, NCC et ZNCC), et la corrélation dite de Moravec (MOR).

Corrélation croisée CC (Cross-Correlation) : définition de base.

$$CC(\mathbf{f1},\mathbf{f2})=\mathbf{f1}\cdot\mathbf{f2}$$

Les valeurs de CC(**f1,f2**) appartiennent donc à l'intervalle [0 ;+∞[.

Plus la valeur CC(**f1,f2**) est élevée plus les pixels devraient être similaires. Or, plus les niveaux gris de pixels sont proches du blanc[1] plus la valeur CC(**f1,f2**) est élevée. Aussi, l'information fournie par cette mesure n'est pas directement exploitable, aussi, on utilise cette mesure sous une forme normalisée.

a) *Corrélation croisée normalisée NCC* (Normalized Cross-Correlation).

$$NCC(\mathbf{f1},\mathbf{f2}) = \frac{\mathbf{f1}\cdot\mathbf{f2}}{\|\mathbf{f1}\|\|\mathbf{f2}\|}$$

---

[1] Le codage habituel de niveaux de gris est le suivant : 0 pour un pixel noir et 255 pour un pixel blanc.

Les valeurs de cette mesure appartiennent à intervalle [0 ; 1]. Deux fenêtres se ressemblent (et/ou sont identiques) si leur score de corrélation est égal à 1.

b) *Corrélation croisée centrée et normalisée à moyenne 0 ou ZNCC* (Zero mean Normalized Cross-Correlation).

$$ZNCC(\mathbf{f1},\mathbf{f2}) = \frac{(\mathbf{f1} - \overline{\mathbf{f1}}) \cdot (\mathbf{f2} - \overline{\mathbf{f2}})}{\left\| \mathbf{f1} - \overline{\mathbf{f1}} \right\| \left\| \mathbf{f2} - \overline{\mathbf{f2}} \right\|}$$

La mesure de ZNCC est une mesure qui est la covariance croisée normalisée [15]. Les valeurs de ZNCC(**f1**,**f2**) appartiennent à l'intervalle [-1 ; +1]. Deux fenêtres se ressemblent (et/ou sont identiques) si leur score de corrélation est égal à 1.

Remarques:

La ZNCC est une mesure plus robuste au bruit Gaussien que la NCC.
La normalisation incluse dans les deux variantes de CC (NCC, ZNCC) permet de tolérer les variations linéaires de brillance/niveau de gris. Les variations uniformes de brillance (grâce à la soustraction de la valeur moyenne locale) sont mieux tolérées par la ZNCC que la NCC.

Corrélation de Moravec [14]

$$MOR(\mathbf{f1},\mathbf{f2}) = \frac{2(\mathbf{f1} - \overline{\mathbf{f1}}) \cdot (\mathbf{f2} - \overline{\mathbf{f2}})}{\left\| \mathbf{f1} - \overline{\mathbf{f1}} \right\|^{2} + \left\| \mathbf{f2} - \overline{\mathbf{f2}} \right\|^{2}}$$

Les valeurs de MOR(**f1**,**f2**) appartiennent à l'intervalle [-1;+1]. Deux fenêtres sont identiques si leur score de corrélation est égal 1.

Remarque.

La MOR est une mesure robuste face au bruit impulsionnel [1].

1.1.2 Mesures de corrélation utilisant une distance

Certaines mesures de corrélation utilisent une distance L_p, élevée à la puissance P (P : entier naturel), entre les deux vecteurs **f1** et **f2** et ont la forme générale suivante :

$$D_p(\mathbf{f1},\mathbf{f2}) = \|\mathbf{f1}-\mathbf{f2}\|_p^p$$

Ce sont des mesures de dissimilarité et leur valeurs appartiennent à l'intervalle $[0\,;+\infty[$. Les mesures suivantes sont les plus populaires : somme de valeurs absolues des différences (SAD) et somme des différences au carré (SSD).

Somme de valeurs absolues des différences SAD.

Pour P=1, on parle de norme L_1 et on note cette mesure SAD (*Sum of Absolute Differences*) :

$$SAD(\mathbf{f1},\mathbf{f2}) = \|\mathbf{f1}-\mathbf{f2}\|_1$$

Somme des différences au carré SSD.

Pour P=2, on parle de norme L_2 et on note cette mesure SSD (*Sum of Squared Differences*)

$$SSD(\mathbf{f1},\mathbf{f2}) = \|\mathbf{f1}-\mathbf{f2}\|_2^2$$

1.1.3 Comparaison et conclusion

Il est important de comparer les différentes propriétés de ces mesures. Nous nous intéressons surtout à leur invariance par rapport aux transformations des niveaux de gris.

Définition des invariances.

Les valeurs photométriques de pixels d'une séquence d'images peuvent subir des modifications de type gain, biais ou les deux.

Soient : a, b, c et d des réels (a, b, c, d, $\in$ R.)

L'invariance de type de <u>gain</u> est définie comme suit :

$$M(a\mathbf{f1}, b\mathbf{f2}) = M(\mathbf{f1}, \mathbf{f2})$$

Cette invariance implique l'invariance suivante :

$$M(a\mathbf{f1}, a\mathbf{f2}) = M(\mathbf{f1}, \mathbf{f2})$$

L'invariance de type de <u>biais</u> est définie comme suit :

$$M(\mathbf{f1} + a, \mathbf{f2}+b) = M(\mathbf{f1}, \mathbf{f2})$$

Cette invariance implique l'invariance suivante:

$$M(\mathbf{f1} + a, \mathbf{f2}+a) = M(\mathbf{f1}, \mathbf{f2})$$

L'invariance de type de <u>gain & biais</u> est définie de deux façons :

a) :
$$M(a\mathbf{f1} + b, c\mathbf{f2} + d) = M(\mathbf{f1}, \mathbf{f2})$$

Les mesures qui possèdent cette invariance ont les invariances suivantes :

$$M(a\mathbf{f1}, b\mathbf{f2}) = M(\mathbf{f1} + a, \mathbf{f2}+b) = M(\mathbf{f1}, \mathbf{f2})$$

b) :
$$M(a\mathbf{f1} + b, a\mathbf{f2} + b) = M(\mathbf{f1}, \mathbf{f2}) \text{ (cas paticulier de a))}.$$

Les mesures qui possèdent cette invariance ont aussi les invariances suivantes :

$$M(a\mathbf{f1}, a\mathbf{f2}) = M(\mathbf{f1} + b, \mathbf{f2}+b) = M(\mathbf{f1}, \mathbf{f2}).$$

Comparaison des invariances des mesures

Le tableau 1 présente synthétiquement les propriétés d'invariance de différentes mesures utilisant la corrélation.

		CC	NCC	ZNCC	SAD	SSD
Invariance de type gain+biais	$M(af_1 + b, cf_2 + d) = M(f_1, f_2)$	-	-	X	-	-
	$M(af_1 + b, af_2 + b) = M(f_1, f_2)$	-	-	X	-	-
Invariance de type biais	$M(f_1 + a, f_2+b) = M(f_1, f_2)$	-	-	X	-	-
	$M(f_1 + a, f_2+a) = M(f_1, f_2)$	-	-	X	-	-
Invariance de type gain	$M(af_1, bf_2) = M(f_1, f_2)$	-	X	X	-	-
	$M(af_1, af_2) = M(f_1, f_2)$	-	X	X	-	-

Tableau 1 : Comparaison des invariances des certaines mesures de corrélation.
(« X » : la mesure possède l'invariance ; «-» : la mesure ne possède pas l'invariance)

Conclusion

Les études comparatives réalisées par Ashwanden et Guggenbühl [1] montrent que la ZNCC reste la mesure la plus robuste face aux changements linéaires de luminosité entre les deux images, et face au bruit (tant Gaussien qu'impulsionnel) par rapport aux mesures utilisant une distance (SAD, SSD).

La ZNCC sera donc utilisée comme mesure pour notre mise en correspondance.

Par ailleurs, cette mesure est normalisée et prend ses valeurs dans l'intervalle [-1 ; +1]. Aussi, la valeur de corrélation est un bon indicateur de la qualité de l'appariement, c'est-à-dire de la ressemblance de deux ensembles. Cela permet au système de prendre des décisions de l'appariement rapidement.

1.2 Stratégies d'optimisation de calculs de la corrélation aveugle (ou exhaustive).

Une fois la mesure choisie, les valeurs de corrélation de chaque pixel dans la zone de recherche peuvent être obtenues. L'ensemble de valeur de corrélation définissent une surface de corrélation ; la position de l'extremum de cette surface est définie comme étant la position de p_2. Cet extremum peut être un maximum ou minimum selon que la mesure choisie est une mesure de similarité ou dissimilarité. Dans notre cas, on a choisi la ZNCC qui est une mesure de similarité ; aussi, nous allons rechercher le maximum local de la surface de corrélation (Figure 1.2).

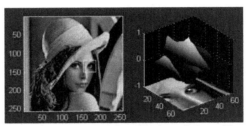

Figure 1.2. Un exemple de la surface de corrélation en 3D.

La recherche de ce maximum par la corrélation aveugle ou exhaustive est d'une grande complexité temporelle car le pas de convolution est un pixel (surface dense).

Aussi, dans cette partie, les différentes stratégies -temporellement améliorées- de recherche de la position de maximum local où le pas de convolution et la direction de recherche vont varier sont présentées. Ce sont : la recherche en trois étapes (R3E), la nouvelle recherche en trois étapes (N3E), la recherche simple et efficace (RSE), la recherche en quatre étapes (R4E) et la recherche en losange (RL) ; mais nous commençons par les rappels sur la complexité temporelle d'une recherche exhaustive (RE).

1.2.1 Recherche exhaustive (RE)

La recherche de l'extremum local par la corrélation aveugle ou exhaustive utilise le pas de convolution de un pixel.

Une recherche exhaustive, calculant les corrélations pour chaque point de la zone de recherche (pas 1 pixel), permet de trouver le point d'extremum précisément, avec une valeur de corrélation de 1(ou $\approx$ 1) mais avec un temps de calculs très élevé.

En effet, si la zone de recherche est un carré de côté ($2 \times 16 + 1$)=33 pixels (m=n=16), alors ($2 \times 16 + 1$)^2= 1089 corrélations seront nécessaires pour trouver la position de l'extremum. Il faut donc élaborer une stratégie de recherche permettant de trouver de manière relativement sûre la position de l'extremum de corrélation sans calculer toutes les valeurs des corrélations (pour tous les points de la zone de recherche).

1.2.2 Recherche en Trois Etapes (R3E).

L'algorithme R3E [2] est l'une des premières méthodes d'estimation de l'extremum local de corrélation. Il a été proposé comme un moyen d'estimation rapide du mouvement présent dans deux images consécutives d'une séquence vidéo.

L'idée générale de cette stratégie itérative de recherche de points pertinents pour la recherche de l'extremum local est présentée sur la figure 1.3. Elle met en œuvre la boucle itérative « Faire … jusqu'à ».

Pour trouver p_2, la recherche commence par la position prédite du p_2 (point noire ; centre de la fenêtre), sur laquelle la zone de recherche est centrée. On considère ici que cette zone est un carré de coté 33 pixels, (m=n=16) ; le pas de convolution initial est S = m/2.

Dans la première étape, les corrélations de huit positions avec $\pm$ S autour du point p_2 sont calculées. Parmi ces neuf points (huit points choisis et le point de départ), le point pour lequel la corrélation est maximale est choisi comme l'origine de la recherche de la deuxième étape. En outre, le pas de convolution est divisé par deux (S := S/2).

La deuxième étape et les étapes suivantes de cette boucle itérative, effectue les mêmes calculs (recherche de maximum local, la mise à jour du pas de la convolution).

L'algorithme se termine lorsque le pas de convolution S devient égal à 1.

Cet algorithme est appelé « la recherche en trois étapes », car initialement il a été utilisé lors de la compression de séquences vidéo, pour lesquelles le déplacement maximal autorisé était de huit pixels ; cela correspondait bien à la recherche en trois étapes car $\log_2 (8) = 3$.

Si on prend m=n=16, cet algorithme calcule 33 corrélations (au lieu de 1089 pour la recherche exhaustive, RE) ; cela donne le facteur d'accélération R3E/RE de 1089/33= 33.

Cependant, l'inconvénient de cet algorithme est de supposer que la surface de corrélation est unimodale, et qu'il ne peut pas avoir deux extrema dans deux directions opposées. Cela signifie que l'algorithme suppose que la fonction de corrélation augmente de façon monotonne jusqu'au maximum global (ce qui est rarement cas dans des images réelles).

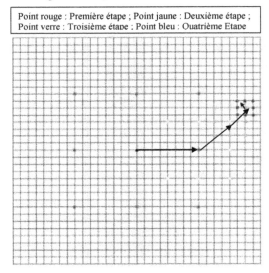

Figure 1.3. Algorithme de recherche en trois étapes.

1.2.3 Nouvelle Recherche en Trois Etape (N3E).

La novelle recherche en trois étapes [3] améliore l'algorithme R3E. C'est l'un des premiers algorithmes rapides qui a été accepté et utilisé pour implanter les standards MPEG 1 et H.261. Cet algorithme est moins susceptible de manquer les petits déplacements que R3E.

Le principe de l'algorithme est présenté sur les figures 1.4 et 1.5.

Lors de la première étape, la corrélation est calculée en 17 points (dont le point de départ) : huit points autour du point de départ à distance S=1 pixel et huit points autour du point de départ à distance S=m/2.

Si la valeur maximale de corrélation est trouvée au point de départ, la recherche est arrêtée, et le point de départ devient le point p_2.

Si la valeur maximale de corrélation est trouvée pour un des huit points plus proches de départ, on change l'origine à ce point et l'on passe à l'étape suivante ; si le point qu'on a trouvé est ou non un coin, le nombre de nouveaux points à ajouter sera 5 ou 3 et toujours à distance S=1. Finalement, la position (le point) qui donne la valeur de corrélation maximale sera considérée comme la position de p_2.

Si dans la première étape, la meilleure corrélation est trouvée pour un des huit points plus loin du point de départ, on applique l'algorithme de recherche en trois étapes (R3E) à partir de ce point.

Le nouvel algorithme (N3E) utilise huit points de plus par rapport R3E, il y a donc huit calculs de plus de corrélation pour la première étape, mais l'algorithme N3E ne manquera pas à apparier les points situés à des petits déplacements dès le début de la mise en correspondance.

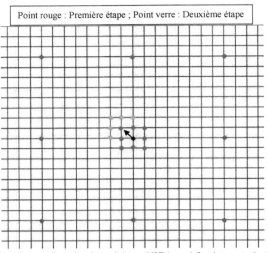

Figure 1.4. Algorithme de nouvelle recherche en 3 étapes N3E (cas où 5 points sont ajoutés pour 2ème étape)

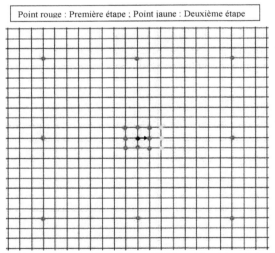

Figure 1.5. Algorithme de nouvelle recherche en 3 étapes N3E (cas où 3 points sont ajoutés pour 2ème étape)

1.2.4 Recherche Simple et Efficace (RSE)

Cette algorithme itératif [4], appelé recherche simple et efficace, est une autre extension de R3E.

Cet algorithme suppose qu'une surface de corrélation est unimodale, et alors elle ne peut pas avoir deux extrema dans deux directions opposées. Aussi, la distribution spatiale de 8 points de R3E peut être adaptée afin de réduire le volume de calculs.

L'algorithme RSE a toujours un nombre d'étapes qui est fixé par la valeur de m (taille du masque), mais la nouveauté est que chaque étape comporte deux phases.

La zone de recherche est divisée en quatre sous-zones (I, II, III, IV) (figure 1.6), et l'algorithme calcule les corrélations de trois points A (noir), B (rouge) et C (jaune). Le point A est le point de départ, et les points B et C sont situés à la distance S=m/2 de A dans les directions orthogonales. Selon les relations des valeurs de corrélation en ces trois points (notées a, b, c), on ajoute des différents points (en s'appuyant sur la propriété de monotonie d'une surface unimodale). La figure 1.7 illustre le cas de recherche d'un maximum de la corrélation ; les points ajoutés sont verts.

Une fois les points pour la deuxième phase sélectionnés, on calcule la corrélation pour tous ces points, et on change l'origine à la position du point qui donne la valeur de corrélation la plus élevée. Le pas de convolution S est ensuite divisé par deux.

Cette (deuxième) étape est répétée jusqu'à S soit égale à 1 (la boucle « Faire … jusqu'à »).

Le point p_2 est trouvé comme le point qui a la valeur maximale de corrélation (figure 1.7).

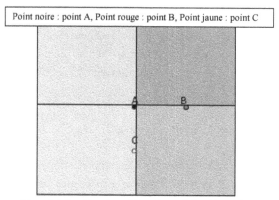

Figure 1.6. Première phase d'étape 1 pour l'algorithme RSE

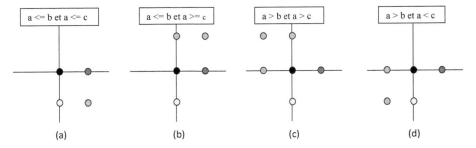

Figure 1.7. Règle de sélection des points additionnels (les points verts)
(la règle découle de propriété de monotonie de la surface unimodale).

Cet algorithme a besoin beaucoup moins de calcule de corrélation que R3E, mais la probabilité que la position du point p_2 soit trouvée est nettement inférieure, car les surfaces des scènes réelles sont rarement parfaitement unimodales.

1.2.5 Recherche en Quatre Etape (R4E)

Cet algorithme itératif (boucle « Tant que …. Jusqu'à…) [5], comme N3E, vise à apparier les images caractérisées par faibles déplacements spatiaux.

Il utilise deux distributions spatiales (deux motifs) de taille différente pendant la recherche (figure 1.8) : un grand motif (S=2, taille de la fenêtre de corrélation 5x5) et un petit motif (S=1, taille de la fenêtre de corrélation 3x3).

Durant la première étape, le motif de taille S = 2 est utilisé pour calculer la corrélation en neuf points de la fenêtre de taille 5×5. Si la meilleure corrélation est trouvée à l'origine (au point de départ), alors on passe directement à la quatrième étape. Si le point qui donne la valeur maximale de corrélation est trouvé dans un des huit points autour du point de départ, l'origine est placée à ce point, et on passe à la deuxième étape.

Durant la deuxième étape, le motif de recherche reste le même. Selon que le point qu'on a trouvé est sur un coin ou non, il y a cinq ou trois nouveaux points choisis pour calculer la corrélation. Puis, si la meilleure corrélation est trouvée à l'origine, on passe à la quatrième étape, sinon on passe à la troisième étape qui est exactement la même que la deuxième.

Dans la quatrième étape, le motif de recherche est petit (S=1, fenêtre de corrélation de taille 3×3). Après avoir calculé les corrélations de ces neuf points, la position pour laquelle la valeur de corrélation est la plus élevée est la position de point p_2.

Cette procédure de recherche est présentée sur la figure 1.9.

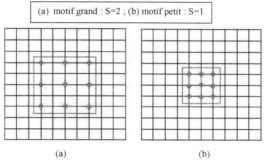

Figure 1.8. Les motifs pour la recherche en 4 étapes.

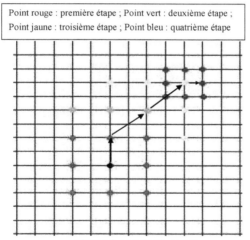

Figure 1.9. La recherche en 4 étapes

Dans le meilleur des cas, l'algorithme ne requiert que 17 calculs de corrélation, et 27 dans le pire cas. La complexité est donc assez faible, mais le nombre d'étapes maximal étant limité à quatre, la probabilité de trouver p_2 en cas de grands déplacements est faible.

1.2.6 Recherche en losange (RL)

L'algorithme de recherche en losange [6], est basé sur le même principe que le R4E, mais le motif de recherche est changé de carré à losange, et il n'y a pas de limite au nombre d'étapes nécessaires pour trouver la position du point p_2. Ces deux modifications ont pour but de pallier l'inconvénient de R4E et apparier les images même en cas de grands déplacements relatifs entre deux images.

L'algorithme RL utilise deux motifs (figure 1.10) : le grand losange et le petit losange.

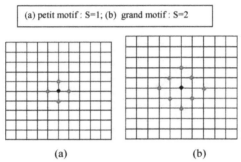

(a) petit motif : S=1; (b) grand motif : S=2

(a) (b)

Figure 1.10. Les motifs pour la recherche en losange.

Parce que le nombre d'itérations n'est pas limité, cet algorithme peut trouver le point p_2 même en cas de grand déplacement. Aussi, la probabilité de trouver le point p_2 est proche de celle de la recherche exhaustive, et le nombre de calculs de corrélation est largement inférieur (figure 1.11).

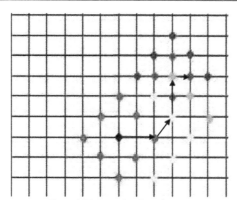

Points rouges : Première étape ; Points jaunes : Deuxième étape ;
Points verts : Troisième étape ; Points bleus : Quatrième Etape ;
Points marrons : Cinquième étape.

Figure 1.11. La recherche en losange

1.2.7 Observations finales.

Les algorithmes étudiés dans ce chapitre montrent bien qu'il est possible de réduire de façon significative le volume de calculs lors de l'appariement d'images par corrélation.

Cependant, peu d'algorithmes permettent la mise en correspondance efficace dans le cas d'un déplacement borné mais de différentes amplitudes (déplacement petits et grands).

Aussi, nous sommes contraints d'implanter et d'évaluer expérimentalement l'algorithme de recherche en losange (RL), le seul algorithme offrant une grande probabilité de l'appariement proche de l'appariement exhaustif.

1.3 Mise en œuvre de l'algorithme d'appariement dit RL.

1.3.1 Environnement de travail.

L'environnement de la mise en œuvre est composé de l'environnement matériel, de l'environnement logiciel et d'une base d'images.
L'environnement matériel est composé des éléments suivants :

PC : Processeur Intel Core2 de 1.86 GHz
Carte Graphique Nvidia GeForce 7600 GS
Mémoire Vive - 1Go

L'environnement logiciel est constitué par :

Système Windows XP
Visual C/C++ version 2008
OpenCV version 2.0
Matlab version 2006b

Les images utilisées pour l'appariement sont celles d'une base d'images présentant les objets naturels. La figure 1.12 donne un exemple de telles images ; la figure de gauche présente l'image originale (format JPG) de taille $m1*n1 = 479*251$ pixels ; la figure de droite est une sous-image (fenêtre de corrélation) de taille $m2*n2 = 147*93$ pixels.

Toutes les images testées ont été supposées avoir le même éclairage (pas d'étude liée aux changements de l'éclairage).

   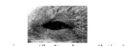

Image origine   sous-image (fenêtre de corrélation)

Figure 1.12. Les images utilisées

1.3.2 Implantation de l'appariement sous MatLab et en C++/OpenCV

Nous avons implanté deux algorithmes présentés au début de ce chapitre :
- RE (recherche exhaustive) et RL (recherche en losange) sous MatLab
- RL (recherche en losange) sous OpenCV.

Les programmes complets sont donnés dans l'annexe 1.

1.3.2.1. Implantations sous MatLab.

Pour les algorithmes qu'on va réaliser, on utilise toujours une image au niveau de gris. Aussi, il est nécessaire de convertir les images couleurs en images à niveaux de gris. Sous MatLab, la commande rgb2gray, convenablement paramétrée, permet de le faire facilement. La figure 1.13 donne le résultat de cette conversion de l'image de la figure 1.20.

 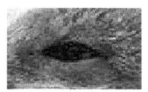

Figure 1.13. Les images au niveau de gris des images tests de la figure 1.20.

Implantation de l'algorithme RE.

Les étapes suivantes sont nécessaires :

(1) lire deux images à niveau de gris dans une matrice de la même taille que les images ;

(2) calculer la corrélation croisée entre les deux matrices ; la matrice de corrélation obtenue est de taille (m1+m2-1)*(n1+n2-1) ;
- pour chaque composant de la matrice de corrélation calculer le maximum de la ZNCC,
- renvoyer les coordonnées de pixel du maximum de la ZNCC (cela correspond à la position de la sous-image (ses coordonnées).

Testé sur plusieurs images, cet algorithme a donné de bons résultats qualitatifs (cf. figure 1.14 par exemple) : l'appariement correct (la sous-image (deuxième image) est

21

correctement superposée sur l'image originale (première image) et précis ; les coordonnées du point p$_2$ sont (163, 182) et correspondent aux coordonnées « manuelles » (extraites à partir de la première image à l'aide des opérations spécifiques d'accès à la valeur d'un pixel).

Comme attendu, le temps de l'appariement exhaustif est très important (400 s !).

Figure 1.14. La position de sous-image (fenêtre de corrélation) donnée par RE (sous MatLab).

Implantation de l'algorithme RL.

Les principes de calculs sont les mêmes que pour l'algorithme RE : la corrélation et la mesure ZNCC ; cependant, ici on calcule la ZNCC seulement en points déterminés par les motifs (grand et petit) de l'algorithme.

On attribue la valeur de ZNCC de -1 pour les points non impliqués dans la corrélation; c'est la valeur minimum de mesure de corrélation ZNCC en fait, elle indique la non-corrélation (càd. la dissimilarité totale).

Le programme complet est donné dans l'annexe 1.

Testé sur plusieurs images, cet algorithme a donné de bons résultats qualitatifs (l'appariement correct et précis, cf. figure 1.15 par exemple). L'algorithme RL a donné la même position spatiale de centre de la fenêtre de corrélation (point p$_2$) (163,182).

Comme attendu, le temps de l'appariement est raisonnable (2 s) par rapport à l'algorithme RE. Le facteur d'accélération obtenu (RE/RL) est 20

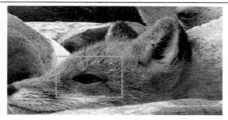

Figure 1.15. La position de la fenêtre de corrélation donnée par RL (sous MatLab).

1.3.2.2. Implantations sous C++/OpenCV :

OpenCV (Open Computer Vision) [12] est une bibliothèque de traitement d'image et de vision dont le code est accessible gratuitement (open). Elle a été développée à la base par Intel, pour ses applications de traitement d'images en temps réel. Cette bibliothèque est distribuée sous licence BSD.

OpenCV propose la plupart des opérations classiques en traitement bas niveau des images, comme par exemple :
- lecture et affichage d'une image ou d'une vidéo (fichier ou caméra), sauvegarde (écriture) sur le disque
- calcul de l'histogramme des niveaux de gris ou d'histogrammes couleurs
- lissages, filtrages
- binarisation, segmentation en composantes connexes
- morphologie mathématique, etc.

Comme pour les traitements sous MatLab, avant d'utiliser la bibliothèque OpenCV, il est nécessaire de convertir des images couleurs en images à niveaux de gris et de mémoriser les images-résultats dans des matrices. Les commandes sont présentées ci-dessous peuvent être utiles à cette fin :

```
IplImage* Itori=cvLoadImage("**.jpg");
IplImage* Itgray=cvCreateImage(cvGetSize(Itori),IPL_DEPTH_8U, 1);
cvCvtColor(Itori, Itgray, CV_BGR2GRAY);
CvMat *Itmat = cvCreateMat( Itgray->height, Itgray->width, ...
```

CV_64FC1);
cvConvert(Itgray , Itmat);

Pour travailler avec les images (les matrices), il vaut mieux utiliser la structure image d'OpenCV IplImage car elle facilite d'accès aux différentes parties de l'image.

L'implantation d'un algorithme sous OpenCV impose l'utilisation des types de données de la bibliothèque, ce qui rend le codage d'un algorithme plus contraignant et le programme réalisé plus complexe à mettre au point.

Le programme complet de l'algorithme d'appariement RL est donné en annexe 1.

Testé sur plusieurs images, notre programme a donné de bons résultats qualitatifs (l'appariement correct et précis, cf. figure 1.16 par exemple). L'algorithme RL a donné la même position spatiale de centre de la fenêtre de corrélation (point p_2) (163,182). Cependant, le temps de traitement est plus long que sous MatLab (2.5s).

Figure 1.16.La position de la fenêtre de corrélation donnée par RL (sous OpenCV)

1.3.3 Résultats d'appariements.

L'évaluation d'algorithmes est un problème très complexe en général, et en traitement d'images et vision cette complexité est accrue par la variabilité de données (images) [18]. Aussi, il n'y a pas de méthodes universelles de tests exhaustifs. Aussi, on teste l'algorithme sur la base d'images considérée comme représentative des situations d'utilisation possibles du système de vision.

Les performances d'algorithmes ont été testées dans deux conditions:
-   aucune transformation entres les deux images (cas 1);

- la deuxième image a subi une rotation par rapport à la première image (cas 2).

Les critères d'évaluation de performances considérées sont les suivants :
- le temps de l'appariement ;
- la précision de la position obtenue ;
- la difficulté d'implantation.

Le temps de l'appariement est quantifié grâce aux instructions de MS-DOS.

La position de point p_2 est extraite de façon
- « manuelle », c'est à dire à l'aide des instructions spécifiques de plates-formes de développement (MatLaB et OpenCV), pour le point p1 et,
- automatique, c'est à dire est calculée par l'algorithme de corrélation, pour le point p2.

La difficulté d'implantation est une caractéristique subjective : nous l'avons jugée selon l'existence de logiciel sur la plate-forme de développement, sur la facilité de son utilisation et sur la facilité de son adaptation à des besoins spécifiques de notre application.

Cas 1: aucune transformation entres les deux images.

Le tableau 2 résume les performances obtenues, et permet de comprendre les avantages de l'algorithme RL (recherche en losange) par rapport à l'algorithme RE (recherche exhaustive).

Plate-forme d'implantation	Critères	Algorithme RE	Algorithme RL
MatLab	Temps d'exécution	400 s	2 s
	Précision de position obtenue	Bonne	Bonne
	Implantation	Facile	Un peu complexe
OpenCV	Temps d'exécution	X	2,5
	Précision de position obtenue	X	Bonne
	Implantation	X	Un peu complexe

Tableau 2. Récapitulatif de performances des algorithmes implantés.

Cas 2: une rotation entres les deux images

Le tableau 3 donne les performances de l'algorithme RL lorsque la deuxième image a subi une rotation de 90° par rapport à la première image. La figure 1.17 montre la fenêtre de corrélation initiale (gauche) et après la rotation (droite). La taille de deux fenêtres de corrélation diffère de celle utilisée lors de la précédente évaluation, et est maintenant de m2*n2 =131*93 pixels.

fenêtre de corrélation initiale   fenêtre de corrélation après une rotation de 90°

Figure 1.17. Fenêtre de corrélation initiale (gauche) et après la rotation (droite).

Plate-forme d'implantation	Critères	fenêtre de corrélation initiale	fenêtre de corrélation après une rotation de 90°	Erreur (après la rotation)
MatLab	Temps d'exécution	1.2 s	0.68 s	X
	Position de centre	(223,155)	(240,144)	(7.6%,7%)
OpenCV	Temps d'exécution	1.12 s	0.54 s	X
	Position de centre	(222,154)	(239, 143)	(7.6%,7%)

Tableau 3. Performances de l'algorithme RL lors d'une rotation de 90° de la fenêtre de corrélation.

Les performances temporelles de l'algorithme RL implanté sous OpenCV sont meilleures que de son implantation sous MatLab. Cela est probablement dû à une meilleure adaptation de structures de données d'OpenCV aux besoins de traitement d'images.

Cependant, la qualité de l'appariement est sensiblement la même : les coordonnées du centre de la fenêtre de corrélation sont entachées de la même erreur.

Les différences numériques entre les coordonnées pourraient provenir de différents algorithmes de troncature et d'arrondis utilisés par les deux plates-formes de développement (MatLab et OpenCV).

1.4   Remarques finales.

Ce chapitre a présenté les concepts nécessaires à l'appariement d'images, ainsi que les algorithmes d'optimisation de l'appariement par corrélation susceptibles d'être implantés dans un matériel dédié.

Il a également adressé les implantations (sur deux plates-formes) de l'algorithme de l'appariement par corrélation le plus rapide connu aujourd'hui, à savoir l'algorithme de recherche en losange (RL).

Les résultats de l'évaluation de ces algorithmes confirment que les performances temporelles et qualitatives de RL sont supérieures à celles de la recherche exhaustive (RE), cependant ils semblent que ces performances ne permettent pas de traiter une séquence vidéo d'images (25 image/s).

Aussi, les évaluations plus détaillées, surtout en présence de transformations affines liées aux déplacements du porteur de système de vision, en présence de l'éclairage variable, avec un changement de point de vu, bref dans les scènes réelles et en conditions usuelles d'utilisation d'un système portable, sont nécessaires. De nouveaux critères devraient être testés [19] afin d'obtenir une évaluation très fine.

Chapitre 2

Mise en correspondance d'images via les points intérêts.

Les résultats préliminaires présentés dans le chapitre 1 montrent que l'algorithme RL appliqué aux images brutes ne peut pas respecter la contrainte vidéo (la vitesse de traitement de 25 images/seconde). Aussi, dans ce chapitre nous étudions l'appariement d'images via les points intérêts. L'adaptation réalisée de différents détecteurs de points d'intérêt de la bibliothèque OpenCV sera également présentée.

2.1 Points intérêt : concept.

Le concept de point d'intérêt a été introduit par Moravec en 1980 dans les cadres de sa thèse [10].

Du point de vu psycho-physique, un point d'intérêt est un point d'image qui se distincte dans son voisinage spatial local par sa luminosité.

En général, les points d'intérêts, correspondent à des doubles discontinuités de la fonction d'intensités. Celles-ci peuvent être provoquées, comme pour les contours, par des discontinuités de la fonction de réflectance ou des discontinuités de profondeur de la scène. Ce sont par exemple : les coins, les jonctions en T, les points de fortes variations de texture, le point de changement de courbure (d'un contour, d'une surface) (figure 2.1).

Figure 2.1. Exemples de types de points d'intérêts.

Les principaux avantages des points d'intérêts sont les suivants :

1. Les points d'intérêt sont une source d'informations plus fiable que les points de contours car, de part de leur définition, ils vérifient plus de contraintes sur la fonction d'intensité.
2. Les points d'intérêt sont robustes aux occultations (soit ils sont occultés tatelement soit ils sont visibles).
3. Il n'y a pas d'opérations de chaînage lors de détection de point d'intérêt ce qui réduit considérablement le volume de calculs.
4. Les points d'intérêt sont présents dans une grande majorité d'images.

2.2 Détecteurs des points intérêts

De nombreuses méthodes ont été proposées pour détecter des points d'intérêts. Elles peuvent être classées approximativement en trois catégories :

1. Approches fondées sur les contours : l'idée est de détecter les contours dans une image dans un premier temps. Les points d'intérêts sont ensuite extraits le long des contours en considérant les points de courbures maximales ainsi que les intersections de contours.

2. Approches fondées sur les l'intensité : l'idée est d'étudier la fonction d'intensité de l'image pour en extraire directement les points de discontinuités en s'appuyant sur un opérateur de dérivation (gradient, Laplacien, etc.).

3. Approches à base de modèles : les points d'intérêts sont identifiés dans l'image par la mise en correspondance de la fonction d'intensité avec un modèle théorique de cette fonction pour des points d'intérêts considérés.

Les approches de la deuxième catégorie sont les plus souvent utilisées car basées sur les opérateurs mathématiques bien connus ; par ailleurs, ils sont indépendants vis à vis de la détection de contours (stabilité), et indépendants vis à vis du type de points d'intérêts (méthodes plus générales).

2.2.1 Détecteur de Moravec

Le détecteur de Moravec [10] considère le voisinage d'un pixel (une fenêtre) et détermine les changements moyens de l'intensité dans le voisinage considéré (souvent 4x4) lorsque la fenêtre se déplace dans les directions orthogonales et diagonales (pas de 45°). Plus précisément on considère la fonction :

$$E(x, y) = \sum_{u,v} w(u,v) |I(x+u, y+v) - I(u,v)|^2 \, ,$$

où :

w spécifie la fenêtre/voisinage considéré(e) (valeur 1 +à l'intérieur de la fenêtre et 0 à son extérieur), $I(u,v)$ est l'intensité au pixel de coordonnées (u,v), $E(x,y)$ représente la moyenne du changement d'intensité lorsque la fenêtre est déplacée de (x,y).

En appliquant cette définition, les trois situations suivantes peuvent apparaître (figure 2.2) :

Cas 1. L'intensité est approximativement constante dans la zone image considérée : la fonction E prendra alors de faibles valeurs dans toutes les directions (x,y).

Cas 2. La zone image considérée contient un contour rectiligne : la fonction E prendra alors de faibles valeurs pour des déplacements (x,y) le long du contour et de fortes valeurs pour des déplacements perpendiculaires au contour.

Cas 3. La zone image considérée contient un coin ou un point isolé : la fonction E prendra de fortes valeurs dans toutes les directions pour des déplacements (x,y).

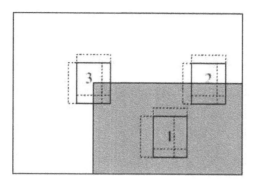

Figure 2.2. Les différentes situations considérées par le détecteur de Moravec.

Un pixel est considéré comme un point d'intérêt si sa variation d'intensité est un maximum local de la valeur minimale de E en chaque pixel de son voisinage (au dessus d'un certain seuil).

Le fort pas de parcours du voisinage (pas de 45°) a incité d'autres à affiner le concept de point d'intérêt.

2.2.2 Détecteur de coins d'Harris et de Stephens.

Harris et Stephens ont identifié bien des limitations de l'opérateur de Moravec et, en les corrigeant, en ont déduit un détecteur de coins très populaire : le *détecteur de Harris et de Stephens* [8].

Les limitations du détecteur de Moravec prises en compte sont les suivantes :

1. La réponse du détecteur est anisotrope en raison du caractère discret des directions de changement que l'on peut effectuer (des pas de 45 degrés). Pour améliorer cet aspect, il suffit de considérer le développement de Taylor de la fonction d'intensité (continue de part de l'hypothèse que l'on recherche des coins) au voisinage du pixel (u,v) :

$$I(x+u, y+v) = I(u,v) + x\frac{\delta I}{\delta x} + y\frac{\delta I}{\delta y} + o(x^2, y^2),$$

D'où :

$$E(x, y) = \sum_{u,v} w(u,v) \left[x \frac{\delta I}{\delta x} + y \frac{\delta I}{\delta y} + o(x^2, y^2) \right]^2,$$

En négligeant le terme $o(x^2, y^2)$ (valide pour les petits déplacements), on obtient l'expression analytique suivante :

$$E(x, y) = Ax^2 + 2Cxy + By^2$$

avec:

$$A = \left(\frac{\delta I}{\delta x} \right)^2 \otimes w$$

$$B = \left(\frac{\delta I}{\delta x} \right)^2 \otimes w$$

$$C = \left(\frac{\delta I}{\delta x} \frac{\delta I}{\delta y} \right) \otimes w$$

2. La réponse du détecteur de Moravec est bruitée en raison du voisinage considéré. Le filtre w utilisé est en effet binaire (valeur 0 ou 1+) et est appliqué sur un voisinage rectangulaire. Pour améliorer cela, Harris et Stephen ont proposé d'utiliser un filtre Gaussien (qui modélise mieux la formation de l'image) :

$$w(u,v) = \exp - (u^2 + v^2) / 2\sigma^2$$

3. Enfin, le détecteur de Moravec répond de manière trop forte aux contours en raison du fait que seul le minimum de E est pris en compte en chaque pixel. Pour prendre en compte le comportement général de la fonction E, Harris et Stephens ont introduit la matrice M qui caractérise le comportement local de la fonction (les variations d'intensité directionnelles déterminées à partir des dérivées du premier ordre en x et en y) :

$$E(x, y) = (x, y) \cdot M \cdot (x, y)^t$$

$$M = \begin{bmatrix} A & C \\ C & B \end{bmatrix}$$

Les valeurs propres de la matrice M correspondent en effet aux courbures principales associées à E :

- Si les deux courbures sont de faibles valeurs, alors la région considérée a une intensité approximativement constante (figure 2.2 cas 1);

- Si une des courbures est de forte valeur alors que l'autre est de faible valeur, alors la région contient un contour (figure 2.2 cas 2);

- Si les deux courbures sont de fortes valeurs, alors l'intensité varie fortement dans toutes les directions, ce qui caractérise un coin (figure 2.2 cas 3).

Par voie de conséquence, Harris et Stephens ont défini l'opérateur suivant pour détecter <u>les coins</u> dans une image :

$$R = Det(M) - kTrace(M)^2$$

avec :

$$Det(M) = AB - C^2 \text{ et } Trace(M) = A + B$$

Les valeurs de R sont positives au voisinage d'un coin, négatives au voisinage d'un contour et faibles (proches de zéro) dans une région d'intensité constante.

2.2.3 Détecteur de coins SUSAN.

Le détecteur de détection de coins SUSAN [9] proposé par l'Université d'Oxford évalue la corrélation d'intensité en comptant le nombre N de pixels dans le voisinage de chaque pixel p de même intensité que p.

Le principe USAN (Univalue Segment Assimilating Nucleus) schématisé à la figure 2.3. est à la base de cet algorithme.

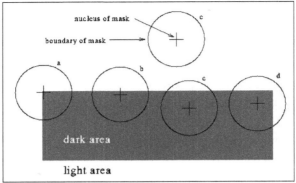

Figure 2.3. Principe d'USAN. (extraite de [17])

La figure 2.3 présente un rectangle noir sur fond blanc et un masque circulaire de centre un pixel (nucleus of mask) sélectionnant un voisinage à cinq positions différentes dans l'image. Dans chaque voisinage, une zone est définie (zone USAN) ayant une intensité similaire à celle du pixel central.

La figure 2.4 présente chaque voisinage de pixels de la figure 2.3. avec son USAN en blanc.

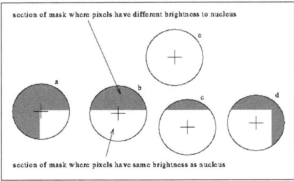

Figure 2.4. Les zones USAN de la figure 2.3. (extraite de [17]).

L'aire de ces USAN donne une information sur la structure de l'image dans ces régions. Cette aire est maximale dans les régions homogènes (fig. 2.4 c), elle décroît dans les régions à contraste linéaire (fig. 2.4. b) et elle atteint sa taille minimale à proximité d'un coin (fig. 2.4 a).

Aussi, un coin a son USAN de taille minimale ce qui a donné le nom du détecteur SUSAN (Smallest USAN).

Le détecteur de coins SUSAN ne tient pas compte de la structure de l'image locale autour d'un point bien ; au contraire, il analyse plusieurs régions séparément, utilisant des mesures locales directes: il détermine ainsi les endroits où les frontières de régions individuelles ont de fortes courbures.

Les étapes de détecteur SUSAN sont les suivantes :

1. Première étape : tous les pixels à l'intérieur d'un masque circulaire sont comparés avec le niveau de gris du "nucleus" à l'aide de l'équation de comparaison suivante :

$$c(\vec{m}) = e^{-\frac{(I(\vec{m}) - I(\vec{m}_0))^6}{t}}$$

Le seuil t correspond au minimum de contraste de détermination des contours, m_0 est la position du nucleus dans l'image, m la position de n'importe quel autre point du masque circulaire, $I(m)$ est le niveau de gris du point considéré.

2. Deuxième étape: La somme de toutes les sorties c est alors effectuée et on obtient n:

$$n(M) = \sum_{\vec{m} \in M} c(\vec{m})$$

n nous donne en fait la taille de la zone USAN (i.e. nombre de pixels de même niveau de gris que le nucleus).

3. Troisième étape : $n(M)$ est comparé avec le seuil géométrique g fixé à $n(M)_{max}/2$ (où $n(M)_{max}$ est la valeur maximale que peut prendre n). Il est équivalent de dire que si le nucleus se trouve dans un coin alors la taille de la zone USAN sera au moins de deux fois plus petite que la surface du masque circulaire et sera un minimum local. Il est nécessaire de choisir g exactement la moitié de $n(M)_{max}$ puisqu'une zone USAN créée à partir d'un contour droit sera toujours plus grande que la moitié de la taille du masque, comme le nucleus en fait partie. On évalue ainsi la réponse R de coin :

$$R(M) = \begin{cases} g - n(M) & \text{si: } n(M) < g \\ \\ 0 & \text{autrement} \end{cases}$$

C'est clairement la formulation du principe de SUSAN, i.e. plus la zone USAN est petite, plus la réponse de coin R est élevée.

2.2.4 Détecteur SIFT

L'algorithme SIFT (Scale Invariant Feature Transform) a été proposé par David Lowe, université de British Columbia, en 1999 [7] pour détecter et décrire des zones d'intérêts (local features) dans une image.

Cet algorithme vise non seulement la détection mais aussi la caractérisation, par des valeurs, pour pouvoir reconnaître (**mettre en correspondance**) par la suite ces zones ou points d'intérêts dans d'autres images de la même scène.

L'idée générale de SIFT est de trouver des caractéristiques qui sont invariantes à plusieurs transformations : rotation, échelle, illumination et changements mineurs du point de vue.

Détection.

Le principe de la détection vise à trouver les extrema dans l'espace-échelle Gaussien. L'espace-échelle Gaussien d'une image $I(x, y)$ est défini par la fonction:

$$L(x, y, \sigma) = g_\sigma * I(x, y)$$

où g_σ est le filtre gaussien $g_\sigma = \dfrac{1}{2\pi\sigma^2} e^{-\frac{(x^2+y^2)}{2\sigma^2}}$ et σ est le paramètre d'échelle.

Pour trouver ces extrema, au lieu de regarder la fonction LoG (Laplacian of Gaussians) qui est coûteuse à calculer, on l'approxime avec la fonction DoG (pour Différences de gaussiennes) suivante :

$$DoG(x, y) = L(x, y, k\sigma) - L(x, y, \sigma)$$

La figure 2.5 schématise la pyramide de calcule de *DoG*, tandis que la figure 2.6. schématise le processus de détection des extrema locaux.

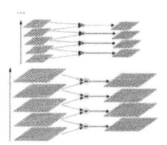

Figure 2.5. Espace d'échelle et différences de gaussiennes

Les extrema sont alors les pixels qui présentent une intensité maximum, ou minimum, par rapport à leurs voisins directs dans l'image (8 voisins) ainsi qu'à ceux dans l'espace-échelle (9 voisins dans l'échelle précédente et 9 voisins dans l'échelle suivante) (figure 2.6).

échelle

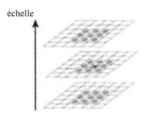

Figure 2.6. Détection des extrema locaux

Les extrema de l'espace-échelle ainsi obtenus sont nombreux. Pour les filtrer :

a) les candidats avec peu de contraste sont éliminés,

b) les réponses correspondant à des contours sont éliminées en considérant le Hessien de l'image *DoG* (un opérateur proche de celui de Harris).

Caractérisation (ou description).

Le descripteur d'une région d'intérêt autour d'un point détecté est défini par l'histogramme des orientations des gradients dans cette région.

Sur la figure 2.7. le descripteur a 32 valeurs, car la région est découpée en 4 zones avec 8 directions. La longueur dans chaque direction représente la somme des modules des gradients dans cette direction dans la zone considérée.

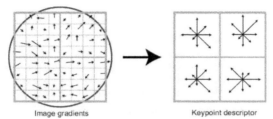

Image gradients   Keypoint descriptor

Figure 2.7. Descripteur d'une région d'intérêt autour d'un point détecté

2.3 Appariement d'images via les points d'intérêts sous C++/ OpenCV.

Pour bien comprendre quelles sont les différences entre les différents détecteurs, les adaptations des 3 détecteurs sous C++ avec OpenCV ont été réalisées (changements formats de données, changements d'opérateurs, etc.).

Appariements d'images avec le détecteur de Harris et Stephens

La commande *cvCornerHarri*s d' OpenCV permet de détecter les points intérêts dans une image par l'algorithme Harris et Stephens.

Une fois les points intérêts sont bien trouvés dans les deux images (figure 2.8), on utilise la mesure ZNCC pour faire l'appariement d'images.

Les programmes réalisés sont donnés dans les Annexe 2 et 3.

La figure 2.9 montre les résultats de l'appariement par corrélations d'images d'une scène 3D.

Figure gauche : 213 points sont trouvés, figure droite : 55 points sont trouvés

Figure 2.8. Points intérêt trouvés par détecteur Harris et Stephens.

Nombre d'appariements : 22, 2 paires de points sont mal appariées (avec la valeur de ZNCC minimum 0.95)

Figure 2.9. Mise en correspondance des points intérêts de Harris-Stephens par ZNCC.

Détecteur SUSAN

Il n'y a pas commande d'OpenCV pour cet algorithme. Aussi, nous avons mis au point le code suivant pour l'implanter (le programme complet est donné dans l'Annexe 2) :

```
void CornerSusan(IplImage *inImage, IplImage *map)
{int height ,width ,step ,channels ;
int i,j,k,same ,max,min,thresh;
uchar*data0,*data1 ;

height = inImage->height;
width = inImage->width;
step = inImage->widthStep/sizeof(uchar);
channels = inImage->nChannels;
data0 = (uchar*)inImage->imageData;
data1 = (uchar*)map->imageData;
```

```
//definition de la masque
int OffSetX[37] = { -1, 0, 1,
-2,-1, 0, 1, 2,
-3,-2,-1, 0, 1, 2, 3,
-3,-2,-1, 0, 1, 2, 3,
-3,-2,-1, 0, 1, 2, 3,
-2,-1, 0, 1, 2,
-1, 0, 1 };
int OffSetY[37] = { -3,-3,-3,
-2,-2,-2,-2,-2,
-1,-1,-1,-1,-1,-1,-1,
0, 0, 0, 0, 0, 0, 0,
1, 1, 1, 1, 1, 1, 1,
2, 2, 2, 2, 2,
3, 3, 3 };

    max = min = data0[0];
    for(i=0;i<height;i++)
    for(j=0;j<width;j++)
    {
    if(data0[i*step+j]>max)  max = data0[i*step+j];
    if(data0[i*step+j]<min)  min = data0[i*step+j];
    }

    thresh = (max - min )/5;
    for(i=3;i<height-3;i++)
    for(j=3;j<width-3;j++)
{
    same =0;
    for(k=0;k<37;k++)
{
    if(fabs (double( data0[(i+OffSetY[k])*step+(j+OffSetX[k])]-
data0[i*step+j]))<thresh)
    same++;
    if(same<8)
```

```
data1[i*step+j] = true;
else
data1[i*step+j] = false;

}}}
```

Une fois les points intérêts sont trouvés par ce détecteur, on passe à l'étape d'appariement d'image avec la même procedure qu'avec le détecteur Harris (cf. l'annexe 3).

Les résultats sont présentés sur les figures 2.10 (les points d'intérêt détectés) et 2.11 (l'appariement d'images par corrélations avec la mesure ZNCC obtenu).

Figure gauche : 129 points sont trouvés, figure droite : 84 points sont trouvés
Figure 2.10. Points intérêts détectés par SUSAN.

Nombre d'appariement : 28, 10 paires de points sont mal appariés (avec la valeur de ZNCC minimum 0.95)
Figure 2.11. Mise en correspondence par ZNCC de points d'intérêt de la figure 2.11.

Détecteur SIFT

Cet algorithme proposé par M. Lowe en 2004[7] est intégré à la bibliothèque OpenCV. Aussi, on l'utilise directement sans adaptations.

Les résultats de l'appariement d'images par corrélations avec la mesure ZNCC sont présentés sur la figure 2.12.

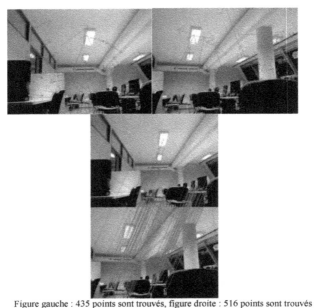

Figure gauche : 435 points sont trouvés, figure droite : 516 points sont trouvés
Nombre d'appariements : 161, 10 paires de points sont mal appariées
Figure 2.12. Les points intérêts trouvés par SIFT et l'appariement par corrélation avec la mesure ZNCC.

2.4 Observations finales.

Le tableau 4 compare les 3 détecteurs de points d'intérêt étudiés : Harris, SUSAN et SIFT.

Le détecteur SIFT est le plus robuste aux transformations géométriques considérées parmi les 3 détecteurs quant à la qualité de détection, mais avec le temps de calculs (8 secondes pour détecter 900 points d'intérêt) est très important (non approprié pour bien des applications embarquables temps réel). Des améliorations d'implantation de SIFT apportées depuis sa première version ne respectent toujours pas les contraintes tems réel à cadence vidéo.

Le détecteur SUSAN conduit à l'appariement moins robuste que SIFT, mais il n'y a aucune commande d'OpenCV qui facilite sa mise en œuvre pratique. Le développement du code pour cet opérateur est hors de ce stage.

Le détecteur de Harris et Stephens est plus facile à implanter, parce que des commandes d'OpenCV appropriées existent. C'est un détecteur fondé sur les principes mathématiques. Aussi, pour la suite du projet, le détecteur de Harris sera utilisé.

	Harris	SUSAN	SIFT
Robustesse Aux transformations géométriques considérées	Moyen	Faible	Fort
Rapidité	0.26 sec pour trouver 200 points intérêt Dont 800 points/s	1.27 sec pour trouver 150 points intérêt Dont 120 points/s	8.0 sec pour trouver 900 points intérêt Dont 112 point/s
Implantation	Plus simple	Moyen	Plus compliqué

Tableau 4. Performances de détecteurs de points d'intérêt étudiés.

Les résultats de l'appariement qualitatifs (figures 2.10, 2.12 et 2.13) montrent qu'il y a des faux appariements de points réalisés avec la mesure de ZNCC. Aussi, il est nécessaire de chercher d'autres approches, peu coûteuses en temps, pour augmenter la qualité et la fiabilité de la mise en correspondance. L'utilisation de données en provenance d'une centrale inertielle est l'une des approches possibles ; son principe fait l'objet du chapitre 3.

Chapitre 3

Une contribution à l'étude des apports de la centrale inertielle pour l'appariement d'images.

Ce chapitre introduit la fusion de données provenant d'une centrale inertielle et d'un système de vision. La centrale inertielle fournira une information sur le mouvement (vecteur du mouvement) en chaque point d'image (donc en chaque point d'intérêt en particulier). La double intégration de cette vitesse en point p_1 servira à la prédiction de sa position potentielle dans la deuxième image (candidat à l'appariement, point p_2). Le nombre de candidats à apparier sera ainsi réduit, ce qui devrait réduire encore le temps de l'appariement.

Le travail présenté dans ce chapitre est essentiellement une étude théorique de l'algorithme de fusion et de prise en main des outils pour son implantation physique possible, implantation qui n'a as pu être réalisée suite à l'indisponibilité utile de la centrale inertielle (problèmes de constructeur de centrale).

3.1   Principe de fusion de données visuelles et inertielles.

Le but de l'appariement (de poursuite) de points d'intérêt est leur mise en correspondance dans les images adjacentes d'une séquence (images prises aux instants t et $(t+1)$) tout en minimisant le temps de l'appariement.

Il faut noter que les déplacements physiques de points d'intérêt 3D sont limités par l'inertie de la caméra en déplacement (ou de son porteur). Par conséquent, en utilisant les données fournies par un capteur inertiel et un estimateur récursif de la position (une sorte de filtre particulaire ou une autre méthode de classe Monte-Carlo, par exemple), il est possible de prédire le déplacement relatif maximal de points d'une scène par rapport à la   caméra et estimer leur positions projetées dans l'image à l'instant (t+1) à partir de leur projections dans l'image à l'instant t. Ainsi, le choix de points à apparier sera guidé et leur nombre réduit, ce qui entraînera la réduction du temps de l'appariement.

Dans cette première approche de la fusion adaptée de travaux de P. Corke [20], nous considérons que la distance initiale de la caméra par rapport à la scène est donnée d_k, et que les images à traiter sont acquises à une fréquence connue. Les accélérations fournies par la centrale inertielle sont intégrées deux fois afin d'obtenir la vitesse et la position.

La figure 3.1 schématise le principe de formation d'image à l'aide d'une caméra à trou d'épingle de focale f. Pendant le déplacement, un point 3D de l'axe optique se déplacera de distance d_y relative par rapport à la caméra. Ce déplacement physique sera projeté comme le déplacement *du* dans l'image.

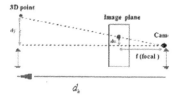

Figure 3.1. Modèle projectif de la formation d'images (caméra à trou d'épingle).

La distance du point d'intérêt 3D par rapport à la caméra (le centre de projection) varie et est de d_{k+1} pour l'image *(k+1)*, et peut être estimée à partir de la fréquence d'acquisition d'image :

$$d_{k+1} = |d_k| + \Delta d = |x_k| + \Delta x$$

La figure 3.2 montre les conventions utilisées pour les deux référentiels liés à l'image (figure 3.2a) et à la centrale inertielle (figure 3.2b). Dans ce dernier cas, l'axe X est perpendiculaire au plan YZ et parallèle à l'axe optique de caméra.

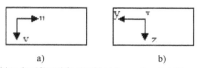

a)   b)

Figure 3.2. Définition de référentiels attachés à la caméra a) et à la centrale inertielle b).

Une image est acquise toute les T secondes. Les déplacements orthogonaux de projections d'un point d'intérêt en les images *(k− 1)* et *k* sont respectivement: Δu_k et Δv_k. (On note le changement du vecteur de déplacement en valeur de coordonnées de l'image).

Les équations (1) lient les données de l'image et d'une centrale afin d'obtenir les composantes du vecteur projeté (vecteur de déplacement) du point 3D en mouvement (déplacements relatifs d'un point 3D dans l'image):

$$\Delta u = \frac{f\Delta y - u\Delta x}{|x| + \Delta x}$$

$$\Delta v = \frac{-f\Delta z - v\Delta x}{|x| + \Delta x}$$

(1)

L'algorithme de la figure 3.3 est appliqué à tout point d'intérêt de l'image k afin de trouver les candidats à l'appariement dans l'image (k+1), et affiner le choix final de points à apparier (avec la corrélation via la mesure ZNCC).

Les données d'accéleromètre (équation (4)) peuvent être acquises à une fréquence plus élevée que les données d'images ; une moyenne de mesures de la centrale acquises dans l'intervalle T est calculée et prise en compte lors de la fusion (équation (4)).

DEBUT

Etape 1 /* déplacement entre les images k et $(k-1)$ */

$$x'_k = \frac{x_k - x_{k-1}}{T} \qquad (2)$$

où $\Delta_k = x_k - x_{k-1} = d_k - d_{k-1}$ et d_k est obtenu à partir de la fréquence d'acquision.

Etape 2 /* coordonnées (u_{k+1}, v_{k+1}) du point d'intérêt de l'image (k+1) correspondant au point d'intérêt (u_k, v_k) de l'image k */

$$y'_k = \frac{y_k - y_{k-1}}{T} = \frac{1}{fT}\left(d_k \Delta u_k + u_k \Delta x_k\right)$$

$$(3)$$

$$z'_k = \frac{z_k - z_{k-1}}{T} = \frac{-1}{fT}\left(d_k \Delta v_k + v_k \Delta x_k\right)$$

$$\Delta x_{k+1} = \left(\dot{x}_k + \ddot{x}_{k+1}T\right)T$$
$$\Delta y_{k+1} = \left(\dot{y}_k + \ddot{y}_{k+1}T\right)T \qquad (4)$$
$$\Delta z_{k+1} = \left(\dot{z}_k + \ddot{z}_{k+1}T\right)T$$

avec les accélérations $\ddot{x}_{k+1}, \ddot{y}_{k+1}$ et $\ddot{z}_{k+1}$ fournies par la centrale inertielle.

$$u_{k+1} = u_k + \frac{f\Delta y_{k+1} - u_k \Delta x_{k+1}}{d_k + \Delta x_{k+1}}$$

$$(5)$$

$$v_{k+1} = v_k + \frac{f\Delta z_{k+1} - u_k \Delta x_{k+1}}{d_k + \Delta x_{k+1}}$$

Etape 3. /* calcul de la corrélation */

ZNCC est calculés autour du point candidat défini par (5) ainsi que de nouvelles coordonnée de (u_k, v_k), $d_k, \Delta x_{k+1}, \Delta u_{k+1}$ et Δv_{k+1} sont mis à jour.

FIN

Figure 3.3. Algorithme d'appariement (de suivi) de points d'intérêts par la fusion de données visuelles et inertielles.

3.2   Calibrage de caméra.

En vision, l'opération de calibrage de caméra revient à modéliser le processus de formation des images, c'est-à-dire trouver la relation entre les coordonnées spatiales d'un point de l'espace avec le point associé dans l'image prise par la caméra.

Avant toute extraction de mesure à partir d'une image, il est nécessaire de calibrer le système de vision. La figure 3.4 liste l'ensemble de référentiels mis en jeu lors de calibrage.

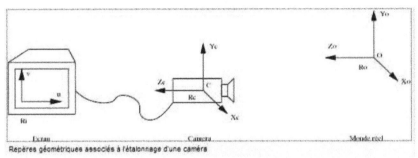

Repères géométriques associés à l'étalonnage d'une caméra

Figure 3.4. Les déférents référentiels utiles lors de calibrage d'un système de vision.

Les référentiels associés sont :

- $(R_O, \vec{X}_O, \vec{Y}_O, \vec{Z}_O)$: qui est le référentiel associé à l'espace de travail (du monde réel). O est l'origine de ce référentiel.
- $(R_C, \vec{X}_C, \vec{Y}_C, \vec{Z}_C)$: qui est le référentiel associé à la caméra. C est le centre optique de la caméra,
- $(R_i, \vec{u}, \vec{v})$: qui est le référentiel associé à l'image visualisée.
- Un plan supplémentaire n'a pas été représenté ici qui est dans le référentiel associé à la caméra. C'est le plan d'image qui se trouve à la distance focale f de C suivant la direction donnée par $\vec{Z}_C$.

Plusieurs modèles décrivant le processus de formation des images existent. Le plus simple est le modèle du sténopé ou modèle *pin-hole* dans la littérature anglo-saxonne. Ce dernier est couramment utilisé en vision. Il s'agit d'une modélisation simple et linéaire du processus de formation des images au sein d'une caméra. Ce modèle suppose que le système optique de la caméra, c'est-à-dire sa lentille, respecte les conditions de Gauss.

48

Si l'on utilise la notation matricielle des coordonnées homogènes, il est possible de décrire de manière simple le processus de formation géométrique de l'image. Il suffit d'exprimer les relations de passage du repère (référentiel) du monde au repère caméra, d'exprimer la projection du repère caméra dans le plan image et d'appliquer la transformation affine qui conduit aux coordonnées de l'image. La relation est la suivante pour un point M de coordonnées $(X,Y,Z,1)$ dans l'espace (repère du monde) et dont l'image est de coordonnées (su,sv,s) dans le plan image (caméra) :

$$\begin{pmatrix} su \\ sv \\ s \end{pmatrix} = \begin{bmatrix} k_u & s_{uv} & c_u \\ 0 & k_v & c_v \\ 0 & 0 & 1 \end{bmatrix} \begin{bmatrix} f & 0 & 0 & 0 \\ 0 & f & 0 & 0 \\ 0 & 0 & 1 & 0 \end{bmatrix} \begin{bmatrix} & & & t_x \\ & R_{3\times3} & & t_y \\ & & & t_z \\ 0 & 0 & 0 & 1 \end{bmatrix} \begin{pmatrix} X \\ Y \\ Z \\ 1 \end{pmatrix}$$

Les paramètres employés dans ce modèle sont usuellement divisés en deux catégories :
a) les paramètres intrinsèques qui sont internes à la caméra, et
b) les paramètres extrinsèques qui peuvent varier suivant la position de la caméra dans l'espace de travail.

Parmi les paramètres intrinsèques nous comptons :

1. f : la distance focale,
2. k_u et k_v : les facteurs d'agrandissement de l'image,
3. c_u et c_v : les coordonnées de la projection du centre optique de la caméra sur le plan image,
4. s_{uv} : qui traduit la non-orthogonalité potentielle des lignes et des colonnes de cellules électroniques photosensibles qui composent le capteur de la caméra. La plupart du temps, ce paramètre est négligé et prend donc une valeur nulle.

Les paramètres extrinsèques sont :

1. $R_{3\times3}$: qui est la matrice de rotation permettant de passer du repère lié à l'espace de travail au repère lié à la caméra,
2. t_x, t_y et t_z : qui sont les composantes du vecteur de translation permettant de passer du repère lié à l'espace de travail au repère lié à la caméra.

Au total, cela fait 18 paramètres à estimer (la matrice de rotation en contient 9).

Dans notre stage, on utilise une caméra Logitech Webcam C200, qui a les caractéristiques suivantes :

- Capteur VGA (640 x 480 pixels)
- Capture vidéo: jusqu'à 640 x 480 pixels
- Capture d'instantanés (taille d'image): jusqu'à 1,3 mégapixel (interpolation logicielle)
- Capture vidéo: jusqu'à 30 images par seconde (sur les systèmes conformes à la configuration recommandée)
- Compatible USB 2.0

Pour faire la calibrage, on utilise un ToolBox sous MatLab (Camera Calibration Toolbox for Matlab). L'image classique d'un échiquier est utilisée comme l'image de référence (cf. Figure 3.5).

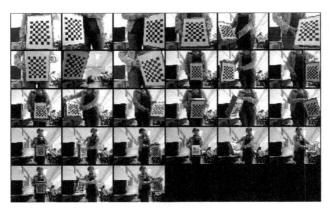

Figure 3.5. Les images de référence utilisées pour le calibrage de la caméra.

Avec 27 images de l'image de référence à différentes positions spatiales, les paramètres intrinsèques suivants de notre caméra ont été obtenus :

Focal Length: *fc = [685.95587   690.74612] ± [13.47989   13.01901]*
Principal point: *cc = [334.70276   261.62397] ± [8.36493   15.96404]*
Skew: *alpha_c = [0.00000] ± [0.00000]   => angle of pixel axes =*

90.00000 ± 0.00000 degrees

Distortion: kc = [-0.02334   0.55598   0.01514   -0.00070 -1.49843]
± [0.07116   0.54553   0.00761   0.00462 1.30587]
Pixel error: err = [0.47826   0.44749]

3.3   Principe de fonctionnement d'une centrale inertielle.

Une centrale à inertie ou centrale inertielle est un appareil de navigation de précision comportant des capteurs d'accélération (accéléromètres) et de vitesse angulaire (gyroscopes et gyromètres). Elle permet de calculer en temps réel l'évolution du vecteur de vitesse ainsi que de son attitude (roulis, tangage, lacet) à partir de ces mesures. Les centrales à inertie sont installées à bord de navires, d'aéronefs, de missiles et de véhicules spatiaux.

Les termes correspondants en anglais sont *inertial unit, inertial platform, inertial measurement unit* (IMU).

Dans ce projet, on utilise une centrale inertielle de model CHR-6d (figure 3.6). Le CHR-6d combine les informations de trois axes d'accéléromètres et de trois axes gyromètre dans un empreinte de 8 "par 7".

Figure 3.6. Centrale inertielle CHR-6d étudiée dans ce projet.

La CHR-6d fournit comme sorties les informations suivantes :
1. La vitesse de rotation de 3-axes (+/- 400 deg/s),
2. L'accélération de 3-axes (+/- 3g),
3. les angles de roulis et tangage.

Pour exploiter les données fournies par la centrale inertielle, on utilise le kit de développement de CHR-6d qui peut transférer les sorties de la centrale vers le PC (figures 3.7 et 3.8), avec un logiciel dédié ; les sorties peuvent être visualisées sur l'écran de PC.

Figure 3.7. Kit de développement avec la centrale inertielle CHR-6d installée.

Figure 3.8. Kit de développement et centrale inertielle en évaluation (connectés le PC).

La figure 3.9 montre un exemple de l'affichage de données acquises par notre centrale inertielle aussi bien sous forme numérique que graphique.

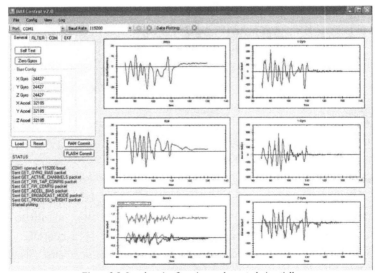

Figure 3.9. Les données fournies par la centrale inertielle

3.4   Fusion des données inertielles et de vision avec MatLab.

Comment faire la prédiction de la position du point à chercher avec une centrale inertielle, c'est-à-dire de réaliser la relation entre les coordonnées d'un point de l'image et les coordonnées spatiales dans le cas que le point 3D est fixe dans la scène et la caméra se déplace ?

Parce que les référentiels de caméra et de centrale inertielle ne sont pas les mêmes, la transformation rigide entre les deux doit être prise en compte (les positions relatives de caméra et d'une centrale inertielle sont fixes).

Pour calculer cette transformation, on utilise un Toolbox de MatLab - Inertial Measurement Unit and Camera Calibration Toolbox. [11] (figure 3.10).

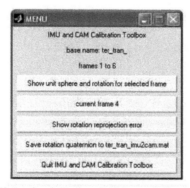

Figure 3.10. Interface de Toolbox –IMU Camera Calibration Toolbox

Grâce à cette transformation, il est possible de faire correspondre les données de la centrale à tout pixel de l'image et mettre en œuvre l'algorithme de §3.1.

Conclusion

Dans ce stage, j'ai étudié tout d'abord la mise en correspondance des images par corrélation, et plusieurs mesures de corrélation. Les évaluations expérimentales préliminaires ont conduit à choisi la mesure ZNCC pour mettre en œuvre les appariements d'images par corrélation.

Ensuite, après les réalisations et les évaluations des différents algorithmes de minimisation de la complexité temporelle de la corrélation – la recherche aveugle (ou exhaustive) et les différentes recherches rapides- j'ai validé le choix de l'algorithme de recherche en losange (exécution rapide, bonne qualité et bonne précision d'appariements). Cependant, même ce meilleur algorithme connu - la recherche en losange avec la mesure ZNCC - est encore très coûteux en temps d'exécution, et ne garantit pas l'appariement à la fréquence vidéo (25 images/s).

Aussi, j'ai étudié la contribution de points intérêts à la réduction de la complexité temporelle de l'appariement.

Pour trouver les points intérêt d'une image, j'ai réalisé la comparaison de différents détecteurs en adaptant des algorithmes existants de la bibliothèque OpenCV ou en réalisant les implantations originales d'algorithmes. Finalement le détecteur Harris a été retenu grâce à ses performances (temps de calculs, robustesse, facilité de mise en œuvre).

Pour réduire encore le temps de mise en correspondance, une méthode de prédiction avec une centrale inertielle de la position de candidats à l'appariement dans la deuxième image a été étudié, et une possible implantation de l'algorithme étudié préparée.

Au total, durant ce stage j'ai complété fort utilement la formation reçue pendant mes études. J'ai proposé une solution rapide pour la mise en correspondance d'images, mais, je regrette de n'avoir pas pu implanter effectivement de l'algorithme de fusion de données étudié suite à l'arrivée très tardive de la centrale inertielle (commandée pourtant en tout début de mon stage) et de l'oubli d'un jumper sur le Kit de développement de centrale inertielle (toujours en attente).

Annexes (programmes réalisés)

Annexe 1

Programmes d'appariement d'images :
- réalisés sous MatLab (recherche exhaustive, RE, et recherche en losange, RL)
- sous OpenCV (recherche en losange, RL).

1) Sous Matlab :

Recherche en Exhaustive

```
%%NCC ZNCC
%%ce programme est pour calculer les valeur Ncc ET ZNCC entre l'image
%%origine et le template avec la recherche exaustive, le but est de comprendre le
processus de Cross
%%crelation et calculer sa valeur de normalisé , en plus de comprendre
%%commen calculer la valeur de Zero Mean Cross correlation.

function p=findCIBLE2(i,i1)
p=[];
t0 = cputime;
%% definition de imge originne (i) a chercher
 i =double(i);
% i=    [17 24  1  8 15
%      23  5  7 14 16
%       4  6 13 20 22
%      10 12 19 21  3
%      11 18 25  2  9];

%% definition de template (i1) et la somme de puissance 2 de ses composentes
i1=double(i1);
% i1= [6 13 20
%     12 19 21
%     18 25  2 ];
 sum1=sum(dot(i1,i1));
```

```
%% calculer les dimensions de i et i1
si=size(i);
si1=size(i1);
%% calculer la valeur moyenne du i1
mean1=sum(sum(i1))/(si1(1)*si1(2));
%% construction de image complet de i pour calculer
d1=[rand((si1(1)-1),si(2)+2*(si1(2)-1))*255;
    rand(si(1),(si1(2)-1))*255 i rand(si(1),(si1(2)-1))*255;
    rand((si1(1)-1),si(2)+2*(si1(2)-1))*255];
sd1=size(d1);
%%faire CC(Cross Correlation) entre i et i1 et donner la dimention de resultat
c1=xcorr2(i,i1);
sc1=size(c1);
%% definition des matrix pour stocage des resultat de NCC et ZNCC
nc1=zeros(sc1);
zc1=zeros(sc1);
znc1=zeros(sc1);
%% calcule de NCC ET ZNCC
 for k1=1:sc1(1);
   for j1=1:sc1(2);
      ip=zeros(size(i1));
     for k=1:si1(1);
        for j=1:si1(2);
      ip(k,j)=(d1(k1+k-1,j1+j-1)); % choisir une parti de d1(matrix complet de i
        end
      end
      mean=sum(sum(ip))/(si1(1)*si1(2));%clacule la valeur moyenne de cette
parti
      sump=sum(dot(ip,ip));          %la somme de puissance 2 de ses composentes
      nc1(k1,j1)=c1(k1,j1)/sqrt(sump*sum1);%clacule NCC de cette parti
      ipm=ip-mean;%chaque composente de cette parti moins sa valeur moyenne
      i1m=i1-mean1;%chaque composente de template moins sa valeur moyenne
      sipm=0;
      si1m=0;
      sumpz=0;
      for k=1:si1(1);
```

```matlab
        for j=1:si1(2);
            sipm=sipm+ipm(k,j)^2;%calcule la somme de ipm
            si1m=si1m+i1m(k,j)^2;%calcule la somme de ilm
            sumpz=sumpz+ipm(k,j)*i1m(k,j);%calcul le ZCC (sans normalizé)
        end
    end
    z(k1,j1)=sumpz;
    znc1(k1,j1)=sumpz/sqrt(sipm*si1m);%ZNCC
  end
end
nc1  %affichir le matrix de resultat de  NCC
znc1  % affichir le matrix de resultat de ZNCC
%%% chercher la valeur maximal de ZNCC et retouner sa position dans la
%%matrix
mznc1=max(max(znc1))
[x1,y1]=find(znc1==mznc1);
y=(x1-(sc1(1)-si(1))/2)
x=(y1-(sc1(2)-si(2))/2)
p=[y x];
time=cputime-t0
%%
figure(2)
nc=uint8(nc1*255);
subplot(1,2,1);imshow(nc);
hold on
plot (y1,x1,'o');
subplot(1,2,2);imshow(uint8(i));
hold on
plot(x,y,'o');
rectangle('Position',[x-si1(2)/2,y-
si1(1)/2,si1(2),si1(1)],'Curvature',[0,0],'LineWidth',2,'EdgeColor','g');
```

Recherche en Losange

```matlab
%%% recherche RL
%%% utiliser l'algorithme Recherche En Losange
```

```matlab
%%function p=findLosange(i,i1)
clear all
close all
clc
i = rgb2gray(imread('img7.tif'));
i1= rgb2gray(imread('imgtt.tif'));
figure(1)
subplot(1,2,1);imshow(i);
subplot(1,2,2);imshow(i1);
p=[];
t0 = cputime;
%% definition de imge originne (i) a chercher
 i =double(i);
%% definition de template (i1) et la somme de puissance 2 de ses composentes
i1=double(i1);
si1=size(i1);
if mod(si1(1),2)==0;
    si1(1)=si1(1)+1;
    i1=[i1 ;zeros(1,si1(2))];
end
if mod(si1(2),2)==0;
    si1(2)=si1(2)+1;
    i1=[i1 zeros(si1(1),1)];
end

sum1=sum(dot(i1,i1));
si=size(i);
si1=size(i1);
mean1=sum(sum(i1))/(si1(1)*si1(2));
i1m=i1-mean1; %chaque composente de template moins sa valeur moyenne
%% construction de image complet de i pour calculer
d1=[rand((si1(1)-1),si(2)+2*(si1(2)-1))*255;
    rand(si(1),(si1(2)-1))*255 i rand(si(1),(si1(2)-1))*255;
    rand((si1(1)-1),si(2)+2*(si1(2)-1))*255];
sd1=size(d1);
%%
```

```
if mod(sd1(1),2)==0;
   x=sd1(1)/2;
else x=(sd1(1)+1)/2;
end
if mod(sd1(2),2)==0;
    y=sd1(2)/2;
else y=(sd1(2)+1)/2;
end
%%
n=0;
ip=zeros(si1);
nc1=zeros(sd1);
znc1=zeros(sd1)-1;
cc=0;
%%
while n<(min(si))/2;
Lgx=[x x-1 x+1 x-2 x+2 x x-1 x+1 x];
Lgy=[y-2 y-1 y-1 y y y y+1 y+1 y+2];
for l=1:9;
for k=(-(si1(1)-1)/2:(si1(1)-1)/2)
   for j=(-(si1(2)-1)/2:(si1(2)-1)/2)
   ip((si1(1)+1)/2+k,(si1(2)+1)/2+j)=d1(Lgx(l)+k,Lgy(l)+j);
   end
end
    mean=sum(sum(ip))/(si1(1)*si1(2));%clacule la valeur moyenne de cette parti
    sump=sum(dot(ip,ip));          %la somme de puissance 2 de ses composentes
    ipm=ip-mean;%chaque composente de cette parti moins sa valeur moyenne
    sipm=0;
    si1m=0;
    sumpz=0;
     for k=1:si1(1);
        for j=1:si1(2);
           cc=cc+ip(k,j)*i1(k,j);
           sipm=sipm+ipm(k,j)^2;%calcule la somme de ipm
           si1m=si1m+i1m(k,j)^2;%calcule la somme de ilm
           sumpz=sumpz+ipm(k,j)*i1m(k,j);%calcul le ZCC (sans normalizé)
```

```
        end
      end
      nc1(Lgx(l),Lgy(l))=cc/sqrt(sump*sum1);%clacule NCC de cette parti
      znc1(Lgx(l),Lgy(l))=sumpz/sqrt(sipm*si1m);%ZNCC
end
      maxzncc=max(max(znc1));
      [xx1,yy1]=find(znc1==max(max(znc1)));
if (xx1==x&&yy1==y)
      break
  else x=xx1 ;
      y=yy1
end
if x<=2&&x+1>sd1(1)&&y<=2&&y+1>sd1(2)
    break
end
n=n+1;
end
%%
Lpx=[x x-1 x x+1 x];
Lpy=[y-1 y y y y+1];
for (l=1:5);
    for  k=(-(si1(1)-1)/2:(si1(1)-1)/2)
    for j=(-(si1(2)-1)/2:(si1(2)-1)/2)
    ip((si1(1)+1)/2+k,(si1(2)+1)/2+j)=d1(Lpx(l)+k,Lpy(l)+j);
    end
end
      mean=sum(sum(ip))/(si1(1)*si1(2));%clacule la valeur moyenne de cette parti
      sump=sum(dot(ip,ip));          %la somme de puissance 2 de ses composentes
      ipm=ip-mean;%chaque composente de cette parti moins sa valeur moyenne
      sipm=0;
      si1m=0;
      sumpz=0;

    for k=1:si1(1);
      for j=1:si1(2);
        cc=cc+ip(k,j)*i1(k,j);
```

```
            sipm=sipm+ipm(k,j)^2;%calcule la somme de ipm
            si1m=si1m+i1m(k,j)^2;%calcule la somme de i1m
            sumpz=sumpz+ipm(k,j)*i1m(k,j);%calcul le ZCC (sans normalizé)
        end
    end
    nc1(Lpx(l),Lpy(l))=cc/sqrt(sump*sum1);%clacule NCC de cette parti
    znc1(Lpx(l),Lpy(l))=sumpz/sqrt(sipm*si1m);%ZNCC
end
    [xx,yy]=find(znc1==max(max(znc1)));
    ( sd1(1)-si(1))/2;
    (sd1(2)-si(2))/2;
    sd1(1);
    si(1);
    sd1(2);
    si(2);
    x=(yy-(sd1(2)-si(2))/2)
    y=(xx-(sd1(1)-si(1))/2)
    si1m;
    bnn=max(max(znc1))
p=[y x];
 time=cputime-t0
%%
figure(2);
imshow(uint8(i));
hold on
plot(x,y,'o');
rectangle('Position',[x-si1(2)/2,y-
si1(1)/2,si1(2),si1(1)],'Curvature',[0,0],'LineWidth',2,'EdgeColor','g');
```

2)   Sous OpenCV

Recherche en Losange :

```
// mai12-1.cpp : Defines the entry point for the console application.
//recherche en losange
```

```
#include "stdafx.h"
#include <windows.h>
using  namespace  std;
LARGE_INTEGER nStartCounter1;
LARGE_INTEGER nFrequency1;
LARGE_INTEGER nStopCounter1;
int main(int argc, char** argv[])
{IplImage*              Itori=cvLoadImage("C:/Documents            and
Settings/Utilisateur/Bureau/Chen/IMAGES/s.jpg");// lire les images
IplImage* Itgray=cvCreateImage(cvGetSize(Itori),IPL_DEPTH_8U, 1);
cvCvtColor(Itori, Itgray, CV_BGR2GRAY);
CvMat *Itmat = cvCreateMat( Itgray->height, Itgray->width, CV_64FC1 );
cvConvert(Itgray , Itmat );  // enrigistrer les NDG à Matrix

IplImage*              Irori=cvLoadImage("C:/Documents           and
Settings/Utilisateur/Bureau/Chen/IMAGES/s8.jpg");
IplImage* Irgray=cvCreateImage(cvGetSize(Irori),IPL_DEPTH_8U, 1);
cvCvtColor(Irori, Irgray, CV_BGR2GRAY);
CvMat *Irmat = cvCreateMat( Irgray->height, Irgray->width, CV_64FC1 );
cvConvert(Irgray , Irmat );

long  int  r1=Irgray->height-1,c1=Itgray->width+2*(Irgray->width-1);
long  int  r2=Itgray->height,  c2=Irgray->width-1;
long  int  Ich=2*r1+r2,Icw=c1;
CvMat* Icmat = cvCreateMat(Ich,Icw,CV_64FC1);
cvZero(Icmat);
long int i,j;
double s ;
for (i=0;i<Itgray->height;i++){
    for (j=0;j<Itgray->width;j++)
  { cvmSet(Icmat,i+r1,j+c2,cvmGet(Itmat,i,j));
    }}

 ::QueryPerformanceCounter(&nStartCounter1);
 ::QueryPerformanceFrequency(&nFrequency1);
```

```
double Irsum=0,Irsum2=0;
for (i=0;i<Irgray->height;i++){
    for (j=0;j<Irgray->width;j++)
  { s=cvmGet(Irmat,i,j);
      Irsum +=s;
     Irsum2+=s*s;
     }}

double Irmean;
Irmean=Irsum/(Irgray->width*Irgray->height);
double IrsumMm=0;
double Irsum2Mm=0;
for (i=0;i<Irgray->height;i++){
    for (j=0;j<Irgray->width;j++){
         s = cvmGet(Irmat,i,j)-Irmean;
         IrsumMm+=s;
         Irsum2Mm+=s*s;
    }}

 int x,y;
 if (Ich%2==0)
  x=Ich/2;
else x=(Ich-1)/2;
 if (Icw%2==0)
  y=Icw/2;
else y=(Icw-1)/2;

long int Irh=0;
long int Irw=0;
if (Irgray->height%2==0)
Irh=Irgray->height+1;
else Irh=Irgray->height;
if (Irgray->width%2==0)
Irw=Irgray->width+1;
else Irw=Irgray->width;
CvMat* Immat = cvCreateMat(Irh, Irw, CV_64FC1);
```

```
CvMat* Znc   = cvCreateMat(Ich, Icw, CV_64FC1);
cvZero(Immat);
for (i=0;i<Ich;i++){
    for (j=0;j<Icw;j++){
    cvmSet(Znc,i,j,-1.0);
    }}
long int n=0;
//
while (n<Itgray->width&&n<Itgray->height){

unsigned int lgx[9]={x ,x-1, x+1, x-2, x+2, x, x-1, x+1, x};
unsigned int lgy[9]={y-2, y-1, y-1, y, y, y, y+1, y+1, y+2};

long int l, k, m;

for (l=0;l<9;l++){
    for (k=(-(Irh-1)/2);k<((Irh-1)/2);k++){
        for(m=(-(Irw-1)/2);m<((Irw-1)/2);m++){
            s=cvmGet(Icmat,lgx[l]+k,lgy[l]+m);

            cvmSet(Immat,(Irh-1)/2+k,(Irw-1)/2+m,s);}}
double Imsum=0,Imsum2=0;
double Ims=0;

for (i=0;i<Irh;i++){
    for (j=0;j<Irw;j++)
  { Ims=cvmGet(Immat,i,j);
     Imsum +=Ims;
    Imsum2+=Ims*Ims;
}}

double Immean;
Immean=Imsum/(Irw*Irh);
double Imt=0,Irt=0;
double ImsumMm=0;
double Imsum2Mm=0;
```

```
    double IrImsum2Mm=0;
    double a=0;
    for (i=0;i<Irh;i++){
        for(j=0;j<Irw;j++){
                Imt = cvmGet(Immat,i,j)-Immean;
                Irt = cvmGet(Irmat,i,j)-Irmean;
                ImsumMm+=Imt;
                Imsum2Mm+=Imt*Imt;
                IrImsum2Mm+=Imt*Irt;
        }}
        a=IrImsum2Mm/(pow((Irsum2Mm*Imsum2Mm),0.5));
        cvmSet(Znc,lgx[l],lgy[l],a);

}
    double MinValue;
    double MaxValue;

    CvPoint MinLocation;
CvPoint MaxLocation;

    cvMinMaxLoc(Znc,&MinValue,&MaxValue,&MinLocation,&MaxLocation);

    if (MaxLocation.x==y&&MaxLocation.y==x)
        break;
    else x=MaxLocation.y ;
        y=MaxLocation.x ;
                if (x<2&&x+2>Itgray->height&&y<2&&y+2>Itgray->width)
        break;
        n+=1;
}

unsigned int lpx[5]={x, x-1 ,x ,x+1 ,x};
unsigned int lpy[5]={y-1, y, y ,y ,y+1};

int l, k, m;
for (l=0;l<5;l++){
```

```
for (k=(-(Irh-1)/2);k<((Irh-1)/2);k++){
        for(m=(-(Irw-1)/2);m<((Irw-1)/2);m++){
                s=cvmGet(Icmat,lpx[l]+k,lpy[l]+m);
                cvmSet(Immat,(Irh-1)/2+k,(Irw-1)/2+m,s);}}


double Ims=0,Imsum=0,Imsum2=0,a=0;
for (i=0;i<Irh;i++){
    for (j=0;j<Irw;j++)
  { Ims=cvmGet(Immat,i,j);
     Imsum +=Ims;
     Imsum2+=Ims*Ims;
}}
 double Immean=0,Imt=0,Irt=0;
 Immean=Imsum/(Irw*Irh);


double ImsumMm=0,Imsum2Mm=0,IrImsum2Mm=0;
for (i=0;i<Irh;i++){
    for(j=0;j<Irw;j++){
            Imt = cvmGet(Immat,i,j)-Immean;
            Irt = cvmGet(Irmat,i,j)-Irmean;
            ImsumMm+=Imt;
            Imsum2Mm+=Imt*Imt;
            IrImsum2Mm+=Imt*Irt;
    }}
    a=IrImsum2Mm/(pow((Irsum2Mm*Imsum2Mm),0.5));
    cvmSet(Znc,lpx[l],lpy[l],a);

}

    double MinValue2;
    double MaxValue2;

    CvPoint MinLocation2;
    CvPoint MaxLocation2;
```

```
cvMinMaxLoc(Znc,&MinValue2,&MaxValue2,&MinLocation2,&MaxLocation2);

   x=(MaxLocation2.y-(Ich-Itgray->height)/2);

   y=(MaxLocation2.x-(Icw-Itgray->width)/2);
   CvPoint pt1;
         pt1.x=y-int(Irw/2);
         pt1.y=x-int(Irh/2);
      CvPoint pt2;
      pt2.x=y+int(Irw/2);
      pt2.y=x+int(Irh/2);

   ::QueryPerformanceCounter(&nStopCounter1);
   double     nTime1     =     1000     *     (nStopCounter1.QuadPart     -
nStartCounter1.QuadPart)/nFrequency1.QuadPart;

printf("x=%d\n",y);
printf("y=%d\n",x);
printf("run time 1 %.2f second\n",nTime1 / 1000);

cvNamedWindow("It",0);
cvNamedWindow("Ir",0);
cvRectangle(Itgray,pt1,pt2,CV_RGB(0,255,255),1,1,0);
cvCircle(Itgray,cvPoint(y,x),2,CV_RGB(0,255,255),2);
cvShowImage("It",Itgray);
cvShowImage("Ir",Irgray);

cvWaitKey(0);

return 0;
}
```

Annexe 2

L'adaptation de détecteur de points d'intérêt sous OpenCV.

Détecteur Harris :

```
void CornerHarris(IplImage* Grey,IplImage* out){
    IplImage*        GG=cvCreateImage(cvGetSize(Grey),IPL_DEPTH_32F,Grey-
>nChannels);
    IplImage*GGG=cvCreateImage(cvGetSize(Grey),IPL_DEPTH_8U,Grey-
>nChannels);
    cvSmooth(Grey, GGG, CV_GAUSSIAN, 3, 0, 0);
    cvCornerHarris(GGG,GG,3);
    double minVal=0.0,maxVal=0.0;
    double scale,shift;
    double max=255,min=0;
    cvMinMaxLoc( GG, &minVal, &maxVal, NULL, NULL, 0);
    scale = (max-min)/(maxVal-minVal);
    shift= -minVal *scale + min;
    cvConvertScale(GG,out,scale,shift);
```

Détecteur SUSAN :

```
void CornerSusan(IplImage *inImage, IplImage *map)
{int height ,width ,step ,channels ;
int i,j,k,same ,max,min,thresh;
uchar*data0,*data1 ;
height = inImage->height;
width = inImage->width;
step = inImage->widthStep/sizeof(uchar);
channels = inImage->nChannels;
data0 = (uchar*)inImage->imageData;
data1 = (uchar*)map->imageData;
int OffSetX[37] = { -1, 0, 1,
-2,-1, 0, 1, 2,
-3,-2,-1, 0, 1, 2, 3,
```

```
-3,-2,-1, 0, 1, 2, 3,
-3,-2,-1, 0, 1, 2, 3,
-2,-1, 0, 1, 2,
-1, 0, 1 };
int OffSetY[37] = { -3,-3,-3,
-2,-2,-2,-2,-2,
-1,-1,-1,-1,-1,-1,-1,
0, 0, 0, 0, 0, 0, 0,
1, 1, 1, 1, 1, 1, 1,
2, 2, 2, 2, 2,
3, 3, 3 };

   max = min = data0[0];
   for(i=0;i<height;i++)
   for(j=0;j<width;j++)
   {
   if(data0[i*step+j]>max)   max = data0[i*step+j];
   if(data0[i*step+j]<min)   min = data0[i*step+j];
   }

   thresh = (max - min )/5;
   for(i=3;i<height-3;i++)
   for(j=3;j<width-3;j++)
{
   same =0;
   for(k=0;k<37;k++)
{
   if(fabs           (double(           data0[(i+OffSetY[k])*step+(j+OffSetX[k])]-
data0[i*step+j]))<thresh)
   same++;
   if(same<8)
   data1[i*step+j] = true;
   else
   data1[i*step+j] = false;}}}
```

Annexe 3

Mise en correspondance des points intérêts par ZNCC:

```
void findCoresp(IplImage *Image1, IplImage *Image2,IplImage *CornerMap1,
IplImage *CornerMap2,CorspMap *corspMap)
{
    int blockHeight = NccHeigth;
    int blockWidth = NccWidth;
    IplImage *block1 = 0;
    IplImage *block2 = 0;

    uchar *cornerMapData1 = 0;
    uchar *cornerMapData2 = 0;
    int height1, width1, mapStep1,mapStep2,height2, width2;
    int i, j,l,k,ll,kk;
    int corspPosI = 0,corspPosJ = 0;
    int cI = 0,cJ = 0;

    int *pCorspPosI, *pCorspPosJ;
    pCorspPosI=&corspPosI;
    pCorspPosJ=&corspPosJ;
    int searchRange = SEARCH_RANGE;
    int channels1 = Image1->nChannels;
    int channels2 = Image2->nChannels;
    mapStep1 = CornerMap1->widthStep;
    mapStep2 = CornerMap2->widthStep;
    height1 = Image1->height;
    width1 = Image1->width;
    height2 = Image2->height;
    width2 = Image2->width;
    // definir le block pour image1
    block1 = cvCreateImage(cvSize(blockWidth, blockHeight), IPL_DEPTH_8U,
channels1);
```

block2 = cvCreateImage(cvSize(blockWidth, blockHeight), IPL_DEPTH_8U, channels2);

cvZero(block1);
cvZero(block2);

cornerMapData1 = (uchar *)CornerMap1->imageData;
cornerMapData2 = (uchar *)CornerMap2->imageData;
int n=0,m=0;
for(i = 0; i < height1; i++){
    for(j = 0; j < width1; j++){
        if(cornerMapData1[i*mapStep1 + j] == true){
          // creer le block cntré au chaque corner
          fenetreNCC(Image1,block1, i, j);
          float value=0, maxNcc = -1.0;
          for (l=0;l<height2;l++){
              for (k=0;k<width2;k++){
              if(cornerMapData2[l*mapStep2 + k] == true)
              {

                  fenetreNCC(Image2,block2, l, k);
              value = valNCC(block1, block2);
              if(value >= maxNcc){
              maxNcc = value;

                *pCorspPosJ =k;
                *pCorspPosI =l;
              pCorspPosI=&corspPosI;
          pCorspPosJ=&corspPosJ;
              cI=i;
              cJ=j;

          }}}}
        if (maxNcc>=MAX_NCC){
      UpdateCorrespMap(corspMap, cI, cJ,corspPosI ,corspPosJ);

```
                    }
            n+=1;
            m+=1;
                }
        }
}
cvReleaseImage(&block1);}
```

Bibliographie

[1] Aschwanden, P., Guggenbül, W., "Experimental Results from a Comparative Study on Correlation type Registration algorithms", *Proc. ISPRS Workshop,1992 , pp. 268-282.*

[2] Koga, T., Iinuma, K., Hirano, A., Iijima, Y., Ishiguro, T., "Motion compensated interframe coding for video conferencing", in *Proc. NTC 81, pp. C9.6.1-9.6.5, New Orleans, LA, Nov./Dec. 1981.*

[3] Li, R., Zeng, B., Liou, M. L., "A New Three-Step Search Algorithm for Block Motion Estimation", *IEEE Trans. on Circuits and for Video Techn., vol. 4, No. 4, August 1994.*

[4] Lu, J. Liou, M. L., "A Simple and Efficient Search Algorithm for Block-Matching Motion Estimation", *IEEE Trans. on Circuits and for Video Techn., vol. 7, No. 2, April 1997.*

[5] Po, L.-M., Ma, W.-Ch., "A novel Four Step Search Algorithm for Fast Blok Motion Estimation", *IEEE Trans. on Circuits and for Video Techn., vol. 6, No. 3, August 1996.*

[6] Zhu, S., Ma, K.-K., "A New Diamond Search algorithm for Fast Block-Matching Motion Estimation", *IEEE Trans. on Image Processing, vol. 9, No. 2, February 2000.*

[7] Lowe, D. G., "Distinctive image features from scale-invariant keypoints", *Int. J. of Computer Vision, 60, 2 (2004), pp. 91-110.*

[8] Harris, Ch., Stephens, M., "A Combined Corner and Edge Detector", *Proceedings of The Fourth Alvey Vision Conference (Manchester, UK), pp. 147-151, 1988.*

[9] Smith, S. M., Brady, J., M., "SUSAN—A New Approach to Low Level Image Processing", *Int. J. of Computer Vision 23(1), 45-78 (1997).*

[10] Moravec, H., "Obstacle Avoidance and Navigation in the Real World by a Seeing Robot Rover", *PhD, Carnegie-Mellon University (CMU), Robotics Institute,1980*

[11] Horaud, R., Monga, O., "Vision par ordinateur", *Hermès, 1995*

[12] "OpenCV version 2.0", *http://sourceforge.net/projects/opencvlibrary/*

[13] Bradski, G., Kaehler, A., " Learning OpenCV: Computer Vision with the OpenCV Library", *O'REILLY, 2008*

[14] Chambon, S., "Comparaison et évaluation des mesures des corrélations en présence d'occultation", *Rapport DEA, Université Paul Sabatier, Toulouse, 2001/2002*

[15] Teulière, C., Martin, L., Leroux, C., Pissaloux, E., "Vision and Inertial sensor Fusion for 3D Self-Localization in Unknown Environment", *Proc. of 9th ESA Workshop on Advanced Space Technologies for Robotics and Automation, ASTRA 2006 ESTEC, Noordwijk, Nov. 28-30, 2006*

[16] Cox, G., S., "Template Matching and Measures of Mach in Image Processing", *Techn. Report, Cap Town University, July 1995*

[17] Yilmaz, A., "Object tracking and activity recognition in video acquired using mobile cameras", *PhD, Univ. Central Florida, Orlando, FL, USA, 2004*

[18] Pissaloux, E., Basille, J.-L., "Evaluation de Performances des systèmes de vision", *dans J-M. Jolion, éd. « Les systèmes de vision », Hermès, 2001, pp. 285—333*

[19] Trucco, E., Verri, A., "Introductory Techniques for 3D Computer Vision", *Prentice Hall, 1998*

[20] Corke, P., "An Inertial and Visual Sensing System for a Small Autonomous Helicopter", *J. of Robotic Systems, 21(2), 43-51, 2004*

Oui, je veux morebooks!

i want morebooks!

Buy your books fast and straightforward online - at one of world's
fastest growing online book stores! Environmentally sound due to
Print-on-Demand technologies.

Buy your books online at
www.get-morebooks.com

Achetez vos livres en ligne, vite et bien, sur l'une des librairies en
ligne les plus performantes au monde!
En protégeant nos ressources et notre environnement grâce à
l'impression à la demande.

La librairie en ligne pour acheter plus vite
www.morebooks.fr

 VDM Verlagsservicegesellschaft mbH
Heinrich-Böcking-Str. 6-8   Telefon: +49 681 3720 174   info@vdm-vsg.de
D - 66121 Saarbrücken   Telefax: +49 681 3720 1749   www.vdm-vsg.de